W0339818

AUTRES OUVRAGES DANS LA MÊME COLLECTION

Jean Brun : **Développez votre aptitude au bonheur.**
Jean Chartier (Docteur en psychologie) : **Vous et les autres... Cours pratique de caractérologie.**
Bruno Comby : **Comment vous libérer du tabac.**
Bruno Comby : **Stress-control. Comment vous libérer du stress par les méthodes naturelles.**
Patrick Estrade : **Vivre sa vie : comprendre, décider et agir.**
Patrick Estrade : **Réussissez votre personnalité.**
Patrick Estrade : **Vivre mieux : mode d'emploi.**
Patrick Estrade : **Le Couple retrouvé.**
Pierre Fluchaire : **La Révolution du rêve.**
Pierre Fluchaire : **Renaître au sommeil naturel.**
Céline Gérent : **Le Guide du savoir-vivre sexuel.**
Patrice Julien : **Cette vie, dont vous êtes le héros...**
Thierry Loussouarn : **Transformez votre vie par la sophrologie.**
Dr Robert Maurin : **Objectif mieux-être !**
Dr André Passebecq : **Votre santé par la diététique et l'alimentation saine.**
Dr André Passebecq : **L'Enfant. Guide pratique pour les parents et éducateurs.**
Dr André Passebecq : **Psychothérapie par les méthodes naturelles.**
Dr André Passebecq : **Qui ? Découvrez qui vous êtes et qui sont réellement les autres par la grapho-morphopsychologie.**
Marcel Rouet : **Relaxation psychosomatique.**
Marcel Rouet : **Maigrir et vaincre la cellulite par la détente nerveuse.**
Marcel Rouet : **Chassez la fatigue en retrouvant la forme !**
Marcel Rouet : **La Maîtrise de votre subconscient.**
Alain Saury : **Régénération par le jeûne.**
Yvonne Sendowski : **Gymnastique douce.**
Jean Spinetta : **Le Visage, reflet de l'âme.**
Pr Robert Tocquet : **La Biodynamique du cerveau.**
Pr Robert Tocquet : **Votre mémoire : comment l'acquérir, la développer et la conserver.**

Le guide du savoir-vivre sexuel

collection " Psycho-soma "

(le corps et l'esprit)

A la mémoire du docteur Philippe Vouin, psychiatre.

A toutes celles et à tous ceux qui, par leur affection et leur savoir, ont éclairé ma vie.

Céline Gérent

Le guide du savoir-vivre sexuel

Le livre à mettre entre toutes les mains

20e mille

Éditions Dangles
18, rue Lavoisier
45800 ST-JEAN-DE-BRAYE

L'AUTEUR :

Née à Paris en 1935, Céline Gérent s'est intéressée très jeune et avec passion à la vie, aux « vivants » et à la relation harmonieuse qui devrait exister entre les peuples de la Planète bleue.

Sa sensibilité de poétesse (c'est d'ailleurs le seul titre qu'elle revendique) est trop souvent heurtée lorsque se révèlent les insuffisances et les drames d'une nature humaine encore peu évoluée et que la violence, l'incompréhension et la laideur se traduisent dans un vécu raté, notamment sur le plan sexuel.

Parallèlement à une carrière administrative dans un Centre de recherche (elle est chevalier du Mérite agricole), elle a mené de front l'étude des philosophies occidentales et orientales, de la psychologie et de la linguistique, tant en France qu'en Inde (Université de sanskrit de Bénarès). De nombreuses amitiés nouées pendant toutes ces années avec différents spécialistes lui ont permis d'amorcer une réflexion sur le comportement, les problèmes sexuels de nos contemporains et leurs répercussions sur la vie personnelle et, par voie de conséquence, sur la société.

Elle pense que la grave menace que le sida fait peser sur le monde et son futur montre qu'il est urgent de se rappeler que l'on peut vivre de façon saine, érotique, gaie et romantique la vie amoureuse et rejeter aux vieilles lunes la barbarie relationnelle qui a perturbé trop de sensibilités ces dernières années et qui conduit à la régression sanitaire que l'on connaît actuellement.

L'originalité de son ouvrage réside dans la façon claire, directe, précise — mais cependant pudique — de parler de la sexualité, du comportement amoureux et de la connaissance indispensable des techniques à acquérir.

Pour Céline Gérent, parler de l'amour c'est tout simplement **parler d'amour !**

ISSN : 0397-4294
ISBN : 2-7033-0323-8

© Éditions Dangles, St-Jean-de-Braye (France) - 1988

Tous droits de traduction, de reproduction et d'adaptation réservés pour tous pays.

Introduction

« S'il vous plaît... dessine-moi un mouton ! » demandait le Petit Prince à Saint-Exupéry. C'était son vœu le plus cher et il le désirait de tout son être.

« S'il vous plaît... dessine-moi l'amour ! » aurait-il sûrement demandé devenu adolescent, car l'un des grands vœux, l'une des grandes joies de la vie a été, est et restera l'**amour**, que l'on ait moins de 7 mois ou 107 ans !

Le Petit Prince, qui est nous-même, pose l'interrogation de la connaissance de ce que l'on n'a pas encore expérimenté, vu, mais dont on sait que c'est une réalité de la vie. Ceux qui ont arpenté ce « Jardin des délices » savent qu'il est semé d'embûches et les plus jeunes l'entrevoient avec appréhension. La sexualité est un des grands bonheurs, un des grands mystères de notre vécu qu'il importe de ne pas rater.

Le mot amour en français recouvre une grande variété de sentiments et de comportements : amour filial, amour sentimental, amour passion, etc., et l'amour physique qui est, souvent, lié à l'amour sentimental (sauf si celui-ci reste platonique). Nous traiterons ici surtout du comportement sexuel en sachant très bien que ce livre ne sera qu'une bien modeste contribution à une recherche qui dure depuis des millénaires ; quant à l'amour sentiment, nous l'effleurerons vraiment du bout du stylo, étant donné la complexité et la délicatesse du sujet.

L'activité sexuelle est un facteur naturel important d'épanouissement pour le développement harmonieux des individus et, par voie de conséquence, ce vécu personnel rejaillit au niveau de la famille et de la société. La vie sexuelle doit donc être la plus épanouie possible, et nous ne croyons pas exagéré d'affirmer qu'une vie sexuelle heureuse est « *d'utilité publique* » ! Mais la sexualité est, pour encore un trop grand nombre, une source de problèmes et cela malgré l'évolution des mœurs, la disparition de certains tabous, les progrès de la médecine et les efforts de l'information sexuelle.

Si les gens de 40 ou 50 ans ont vu en quelques décennies se dérouler une véritable « révolution » dans le domaine de la sexualité et si bon nombre d'entre eux ont pu **véritablement** vivre et intégrer les acquis de cette évolution dans leur propre vie (tant sur le plan moral que sur le plan physique), il faut cependant constater que tout le monde n'a pas pu — ou n'a pas su — bénéficier de ces progrès (raisons multiples : sociologiques, psychologiques, couples mal assortis...). Pour ce qui est des jeunes, malgré cette considérable évolution il est également indéniable que certains anciens problèmes perdurent et que de nouvelles difficultés surgissent.

Ces constatations, les confidences reçues depuis plus de 25 ans par des personnes de tous âges et de milieux très divers, les conversations échangées et les conseils reçus d'amis (notamment médecins, psychologues, sociologues, assistantes sociales, conseillères conjugales...) ont donné à l'auteur l'impression que cet ouvrage pouvait être utile et c'est grâce à leurs encouragements qu'il a été écrit. Une autre motivation a été la constatation qu'en Occident la plus grande partie de la littérature touchant à la sexualité était le plus souvent écrite soit par des médecins (et cela est compréhensible pour tout ce qui touche aux problèmes organiques ou psychologiques), soit par des « professionnelles de l'amour ». Il semble qu'il serait temps, à notre époque, que les « citoyens-praticiens » parlent, écrivent des « choses de l'amour » car :

— **Non, l'amour n'est pas une maladie !**

— **Non, l'amour n'est pas un commerce !**

La sexualité est, pour chacun et pour tous, cette source de bonheur, de joie et d'épanouissement qui, au travers des sentiments, de la volupté, du plaisir et de l'érotisme régénère et **sert la vie.** Nous citerons le docteur Alexis Carrel (prix Nobel 1912) qui écrivait il y a 50 ans : « *Pourvu que la sensation serve l'âme, pourquoi la sensation serait-elle proscrite ? Ceux qui ont des sens affinés, possèdent des tissus meilleurs, ont un caractère plus élevé, l'esprit plus perspicace.* »

Ce livre a donc été conçu comme un **guide** car il faut d'abord **renseigner, expliquer** et **prévenir**, d'une façon simple, pratique et réaliste. Il se veut aussi de « savoir-vivre » car s'il est un domaine où il est important de ne pas être maladroit ou ridicule, c'est bien celui de l'amour. Il existe des vingtaines de livres de savoir-vivre et des guides de toutes sortes qui nous aident à acquérir l'A.B.C. de bien vivre la vie courante : comment se tenir à table, se comporter au bureau, recevoir des amis, bricoler, jardiner, voyager... C'est très bien, mais il semble tellement important, aussi, de répondre aux interrogations d'un jeune homme — ou d'une jeune fille — qui va avoir sa première expérience amoureuse, ou d'un quinquagénaire qui aura un problème d'érection... et là, ô stupeur ! il n'existe aucun livre de savoir-vivre sexuel. C'est la « conspiration du silence », celle que beaucoup d'entre nous ont connue jusque dans les années 50-60, mais qui muselle encore bien des parents, des éducateurs et rend à peu près muets les médias. Il existe heureusement de bons ouvrages d'éducation sexuelle mais, si certains sont parfaits d'un point de vue médical, anatomique, etc., le côté « **savoir-vivre** » et « **guide** » est le plus souvent confus et vague lorsqu'il n'est pas complètement inexistant.

Pour plus de facilité, nous avons opté pour un classement chronologique des « Situations » dont les chapitres se décomposent parfois en « Généralités », éventuellement « par sexe » (Elle, Lui), par « âge » puisque le déroulement de la vie sexuelle suit une chronologie d'expériences et que certains événements sont appréhendés et vécus assez différemment d'un sexe à l'autre, et également par « événements », « circonstances », etc. Une liste de « mots clés », d'expressions et de sigles spécifiques à la sexualité figure en fin d'ouvrage ; ils sont signalés dans le texte par le signe (*) qui peut également renvoyer à la liste alphabétique du chapitre *le Jardin des malices*.

*

* *

L'espoir de l'auteur est de contribuer à briser un peu de ce qui reste du « mur de la honte », légué par un héritage culturel, qui n'a pas encore été complètement arasé et qui continue d'humilier les humains et l'amour mais, heureusement, « *l'Amour triomphe de tout !* » (Virgile, *Eglogues*, X, 69).

PREMIÈRE PARTIE

L'éveil des sens

SATHS

1. L'Avant

a) Généralités

Il s'agit ici de la période qui précède la première expérience amoureuse, moment où l'impulsion sexuelle est devenue très forte et cohabite avec la peur de l'autre et la conscience de son inexpérience. C'est un des grands passages difficiles de la vie sexuelle, quel que soit le sexe, et qui, si l'on est très timide, peut être vécu d'une façon assez dramatique.

C'est le temps de la connaissance théorique où il importe de rechercher davantage des informations objectives que des « bruits de couloirs » colportés par plus ignorants que soi. Il faut lire de bons livres et ne pas hésiter à poser des questions précises auprès d'amis, de frères ou de sœurs plus âgés, d'un médecin du Centre de planning familial local (1) et, bien sûr, des parents s'il n'y a pas de blocage familial.

Il est absolument nécessaire de comprendre que l'acte sexuel n'est pas un acte anodin et que l'on peut, par maladresse et inconscience, perturber la vie sexuelle future d'une jeune fille (blocages physique ou psychologique liés à la douleur, à l'I.V.G. (*), au manque de délicatesse) ou d'un jeune homme (blocages identiques liés à la douleur ou à la moquerie).

Cet « avant » est donc le moment où l'on va prendre la décision de se lancer et le choix du ou de la partenaire se pose.

Cette première expérience pourra être réfléchie, organisée, dans l'aboutissement d'une attirance mutuelle et la conclusion logique

1. Voir *Adresses utiles* en fin d'ouvrage.

de rencontrer l'Autre au travers de l'acte sexuel, en essayant d'avoir toujours le souci de ne pas nuire à l'Autre ni à soi-même, ou alors être laissée « au hasard » qui, dans ce domaine, ne fait pas toujours — et de loin — bien les choses. Il faut dès le début essayer d'**être responsable de sa sexualité** pour soi-même et pour le partenaire ; cette attitude est fondamentale pour réussir sa vie sexuelle... comme sa vie tout court.

Il faut aussi savoir, **avant**, que les maladies sexuellement transmissibles, les M.S.T. (*), sont en plein développement et qu'il incombe à chacun d'être vigilant **dès la « première fois »** (voir *le Jardin des malices* (*)) en choisissant son ou sa partenaire du mieux possible, en évitant les « papillonneurs », en sachant qu'une bonne hygiène est impérative (les muqueuses sont particulièrement réceptives aux microbes) et en n'oubliant jamais que l'Autre n'est pas un « objet de plaisir » mais un **partenaire**, c'est-à-dire quelqu'un avec qui on va *partager* un monde de sensations et d'intimité qu'il faudra essayer de vivre pleinement et harmonieusement.

En prélude à « la Première fois » se fait, généralement, l'expérience des caresses. Du baiser aux caresses intimes, toute la gamme des prémices amoureuses commence dans l'Avant. C'est une excellente découverte de l'Autre où doit débuter le processus d'échange, d'écoute et de partage.

Le baiser (*) n'a plus rien du « bisou » familial ou amical ; il doit devenir voluptueusement actif par les mouvements des lèvres, l'intromission et les caresses de la langue et une légère aspiration (pas trop car on s'étouffe !). Il n'est pas inutile, dans ce paragraphe, de détailler un peu dès l'abord la « technique » des baisers amoureux car trop de gens — de tous âges — se plaignent de l'ignorance et de la négligence de leurs partenaires dans ce domaine.

Pour les garçons, l'exploration des seins et du sexe féminin se fera doucement, sans brusquerie. Les seins sont extrêmement sensibles, surtout le bout, et sont très érogènes. La vulve se caresse (attention, une caresse n'est pas un frottement plus ou moins vigoureux), d'abord doucement au niveau du pubis, des grandes et petites

Le temps des « bisous ».

Lorsqu'on grandit, le bisou devient baiser...

lèvres (penser à caresser l'intérieur des cuisses, très érogènes aussi), puis du clitoris qui est tellement sensible. Au fur et à mesure que se déploie l'excitation, accélérer le mouvement des caresses mais toujours avec douceur. L'intromission du doigt dans le vagin se fait très doucement, surtout si la partenaire est débutante car elle risque d'avoir mal. Voir aussi à *Caresses, Clitoris* et *Zones érogènes*.

Pour les filles, l'exploration du corps et des organes masculins se fera aussi avec beaucoup de douceur. Le pénis en érection est un stimulus visuel et tactile très important et ce symbole de virilité est digne d'admiration. On doit apprendre aussi dès le début que cette performance érectile est liée à une grande fragilité tant psychologique (blocages) que physique. Il faut apprendre à le caresser de la manière qui plaît à votre partenaire et savoir que le gland est la partie la plus sensible. L'écoulement qui se produit est normal et lubrifie le gland qui, sinon, serait vite irrité par des caresses « à sec » (c'est vrai également chez les filles).

Certains garçons ont été circoncis (*) : interventions chirurgicale ou rituelle.

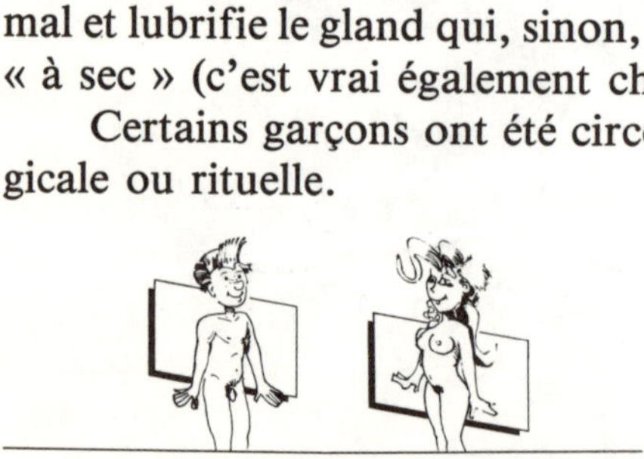

(Planning familial de Paris)

b) Lui

— **Relation avec une professionnelle.** Il est bon de lui dire que c'est la première fois ; cela l'attendrit et vous risquez de glaner quelques bons conseils. Mais attention, vous pouvez aussi glaner au passage quelques maladies, aussi faut-il avoir des préservatifs (*) dans votre poche et **oser** vous en servir ; ces Dames ne s'en formaliseront pas, au contraire, bon nombre d'entre elles l'exigeant d'ailleurs maintenant.

— **Relation avec une jeune fille inexpérimentée.** Il est primordial et relativement facile de savoir si ce sera également pour elle « la première fois », car déflorer une pucelle implique qu'il faudra être délicat, tendre, bien informé au point de vue « technique » et anatomique (voir paragraphe 2 *la Première fois*), et surtout, **avant**, avoir parlé contraception.

— **Relation avec une jeune fille ou une jeune femme « expérimentée ».** Peut-être le scénario idéal pour « la première fois » car pas de soucis à se faire pour la maladresse et la timidité normales de l'autre et, en principe, la contraception devrait être « de routine » (il n'est quand même pas inutile de s'informer... et, de toute façon, d'employer un préservatif).

— **Relation avec un autre garçon.** Le même souci de délicatesse doit présider s'il s'agit d'une personne inexpérimentée, et l'avantage d'un partenaire expérimenté est encore valable dans ce cas. Il est important de savoir que le choix d'une expérience homosexuelle dans les jeunes années n'engage pas définitivement l'avenir sexuel.

— **Relation « au hasard ».** Ne concerne plus l'Avant mais un Présent auquel il faudra faire face en improvisant. Une seule solution : **être génial**, avoir lu le paragraphe *la Première fois*, avoir quelques préservatifs en poche et **les utiliser** car l'une des raisons majeures de la propagation des M.S.T. réside précisément dans l'augmentation des rapports sexuels avec des partenaires occasionnelles. Essayez quand même de savoir si elle a de l'expérience ou non mais, dans les deux cas, demandez si elle prend la pilule et **utilisez un préservatif.**

c) Elle

— **Relation avec un jeune homme inexpérimenté.** Il est plus délicat pour une jeune fille de savoir s'il est puceau ou non, car ces messieurs ont horreur d'avoir l'air de ne pas savoir ! Faire semblant d'être « au courant » leur donne de l'assurance. De toute façon, il faudra être indulgente, délicate, et ne pas se moquer de sa maladresse. **Ne jamais oublier la contraception** et, si l'événement vous a vraiment prise au dépourvu, ayez dès aujourd'hui et dans votre sac la *pilule du lendemain* qui n'est pas assez utilisée en France (voir *Contraception*).

— **Relation avec un jeune homme expérimenté.** Là aussi, peut-être le scénario le plus favorable car il saura prendre son temps pour vous émouvoir, vous éveiller au désir, mieux se contrôler, et sa confiance en lui vous donnera confiance en vous. N'oubliez jamais qu'on doit penser à la contraception **avant** et non après l'acte sexuel et que cela **vous** incombe car les ennuis seront pour vous et pour vous seule. La pilule du lendemain peut être très utile à condition de l'avoir achetée et d'être à portée de la main (si vous partez en week-end ou en vacances, elle doit être dans votre sac et non pas bien rangée à la maison !).

— **Relation avec une autre fille.** Cette relation est moins rare qu'on ne le pense généralement et peut constituer une étape dans l'éveil des zones érogènes. Là aussi, comme pour les garçons, cette expérience n'engage pas définitivement l'avenir de la sexualité de la jeune fille.

— **Relation « au hasard ».** Ne concerne plus l'Avant mais un Présent extrêmement dangereux pour vous si vous ne prenez pas la pilule. Ce genre de relation, pour une vierge, n'est guère favorable à une bonne prise de contact et à un bon éveil de la sexualité qui, chez une femme, dépend (bien plus que chez un homme) d'un

Que faire ? That's the good question... (extrait de *l'Histoire d'Eux,* bande dessinée du M.L.P.F.E.S. de Luxembourg).

« environnement » affectif et de conditions diverses que vous trouverez développées au paragraphe *la Première fois*. Si néanmoins cela arrive, il faut absolument être contraceptionnée ou avoir dans son sac la pilule du lendemain. Il faut savoir, **avant**, que le nombre d'I.V.G. est en augmentation en France et qu'il est dangereux et triste d'en faire l'expérience alors que toutes les femmes ont actuellement les moyens de ne pas en arriver là.

Il faut aussi ne pas avoir d'*a priori* si votre partenaire utilise un préservatif, car les maladies sexuellement transmissibles (M.S.T.) sont également en augmentation du fait, notamment, du plus grand nombre de relations avec des partenaires occasionnels. Pour vous non plus le hasard ne fait pas forcément bien les choses et **les plus grands risques incombent toujours aux filles** si elles sont négligentes.

Aujourd'hui, on ne sait jamais ce qui se cache dans un slip !
Dessin Association suédoise pour l'éducation sexuelle, communiqué par le service documentation du Planning familial de Paris.

2. La Première fois

a) Généralités

Qu'elle survienne de façon inattendue ou après une attente plus ou moins longue, « la Première fois » est un moment merveilleux et redoutable ; pour rassurer les tout jeunes, il faut dire d'emblée qu'il n'y a pas que « la toute Première fois » qui soit génératrice d'angoisse et d'espoir. En effet, pour les adultes, lorsque les circonstances de la vie font qu'ils se retrouvent seuls et que le hasard leur propose un (ou une) nouveau partenaire, c'est souvent pour eux aussi l'occasion de tracs, de perturbations, d'interrogations et de remises en cause. C'est pourquoi un paragraphe *Adultes* a été ajouté ; il ne sera pas inutile qu'il soit également lu par les jeunes.

La « Première fois » est donc le passage concret de la vie sexuelle *imaginative* à la vie sexuelle *active.* C'est l'ouverture sur l'Autre au sortir de l'égocentrisme enfantin, l'apprentissage du **partage** de son corps et de ses émotions dans sa propre écoute, conjointement à l'écoute de l'Autre.

Vaste programme, bien sûr, que le cheminement du vécu personnel fera découvrir pas à pas et pour lequel il faut savoir que, comme pour tout, un apprentissage est nécessaire. Les échecs, les désappointements et les maladresses ne doivent pas être ressentis de façon négative — ce qui aboutit à des blocages — mais, au contraire, reçus comme les indications de ce qui est à améliorer, voire à changer. Aussi, dès le début de la vie sexuelle est-il impératif d'**oser parler** (* et *Vocabulaire amoureux*) avec son ou sa partenaire. Parler des problèmes, bien sûr, mais aussi des joies, du plaisir éprouvé au fur et à mesure de l'exploration du corps et de ses zones érogènes. Oui, il s'agit bien d'une exploration, d'un voyage (*) au « Pays du plaisir » qu'il faut être résolu à bien réussir malgré les embûches et les erreurs de parcours.

Parler aussi de la contraception que **la jeune fille doit assumer sérieusement** avec son médecin, ses parents *et* son partenaire. Comme cela a été dit au paragraphe *l'Avant*, toute négligence dans ce domaine apportera beaucoup d'ennuis, à la jeune fille d'abord, certes, mais l'amour se pratiquant à deux, les responsabilités se partagent « fifty-fifty ».

Et puis parler d'amour, trouver les mots gentils et doux qui mettent le ou la partenaire en condition au moins autant que les gestes physiques. L'acte sexuel est « expression » dans tous les sens du terme ; omettre l'élément « vocal », c'est se priver du charme du son de la voix bien sûr, mais aussi et surtout de tout ce qui peut

Pour ne pas oublier la pilule ! Dessin extrait du bulletin *la Sexualité autrement* (n° 14, juin 1982, Planning familial des pays de Loire).

être exprimé du fond de l'âme et du fond du cœur dans ce moment tellement exceptionnel qu'est l'échange amoureux.

L'âge moyen du premier rapport sexuel, pour Lui comme pour Elle, se situe vers 16 ans, mais cette « moyenne » n'a pas de signification en soi car elle dépend des circonstances, du tempérament, des sentiments ou de la curiosité que l'on peut avoir de la sexualité ou d'un partenaire. Cette « Première » doit être abordée le plus calmement possible, sans trop d'appréhension ni d'idéalisation, car la sexualité (comme toute activité dans la vie) nécessitera un apprentissage ; **des débuts décevants ne préjugent en rien de la suite de la vie sexuelle.**

b) La Première fois des garçons

La Première fois c'est l'envie, l'envie impérieuse qui submerge tout jusqu'à parfois faire éjaculer au moment ou juste après la pénétration ou parfois même pendant les caresses. Ce n'est pas grave et au lieu d'en faire toute une histoire, occupez-vous de caresser minutieusement votre partenaire. Vous pouvez lui dire qu'elle vous fait tellement d'effet que..., cela la flattera (et de toute façon c'est vrai) et, qu'en attendant de « récupérer » vous allez vous occuper d'elle. Votre partenaire en sera ravie et cela vous laissera le temps nécessaire de « refaire surface ».

N'oubliez jamais que l'amour n'est pas un « fast-love » et que les femmes adorent, et ont besoin, des prémices (*). Donc occupez-vous d'elle, oubliez vos « fuites », et lorsqu'elle sera prête vous le serez aussi et vous pourrez d'ailleurs mieux vous contrôler et faire davantage durer la phase « en plateau » (*) (voir paragraphe *la Mélodie du bonheur*).

Si vous avez pu pénétrer votre partenaire, n'allez pas trop vite, commencez par un mouvement assez lent que vous accélérerez en tenant compte des réactions et indications de votre partenaire. Si elle est débutante, soyez très doux et très attentif à Elle et à ses pulsions. Un bon « truc » au début est de se masturber quelques (1, 2 ou 3) heures avant une relation sexuelle ; cela vous détendra

ORGANES GÉNITAUX MASCULINS

Coupe du pénis :

Gauche : état de repos.
Droite : en érection.
1 : corps spongieux érectile.
2 : canal urétral.
3 : corps caverneux érectile.

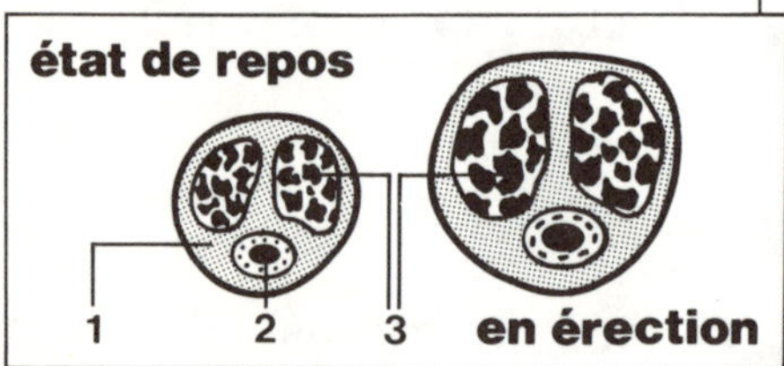

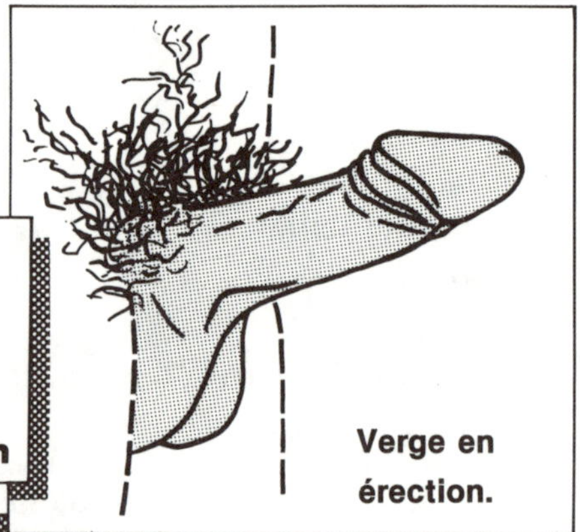

Verge en érection.

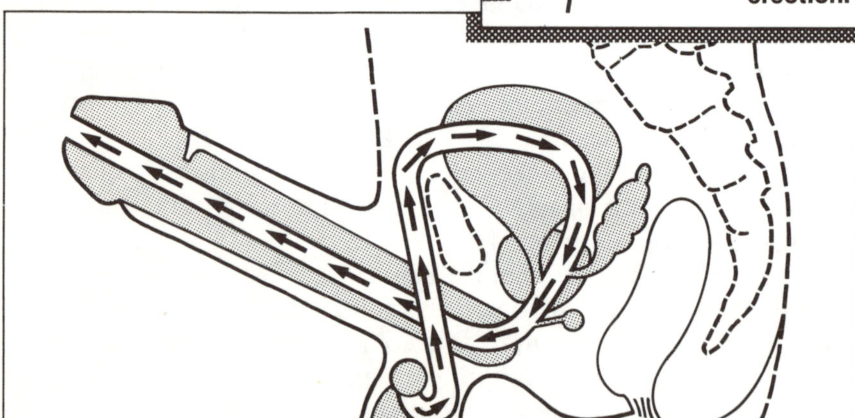

Cheminement du sperme.

(Dessins de Yannick Mouré.)

ORGANES GÉNITAUX MASCULINS

Vue de profil, interne :

1 : os pubien.
2 : canal déférent.
3 : vessie.
4 : vésicule séminale.
5 : corps caverneux.
6 : pénis (ou verge).
7 : prépuce.
8 : gland.
9 : testicules.
10 : épididyme.
11 : glandes de Cowper.
12 : prostate.
13 : anus.
14 : rectum.

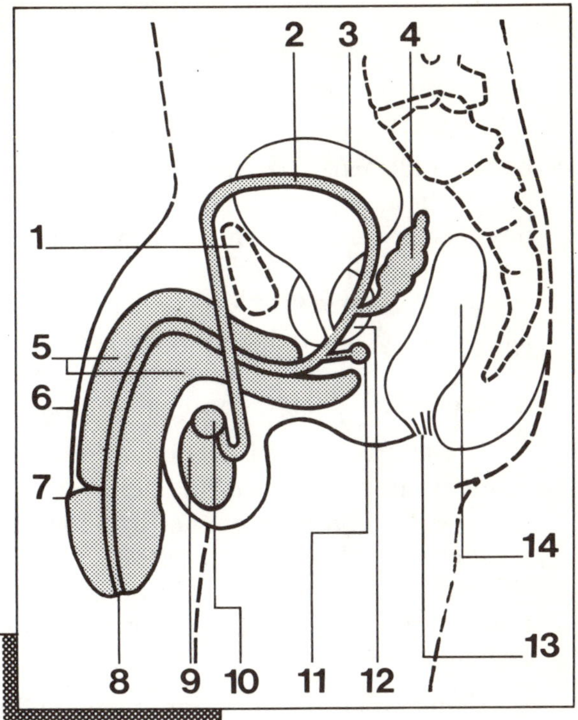

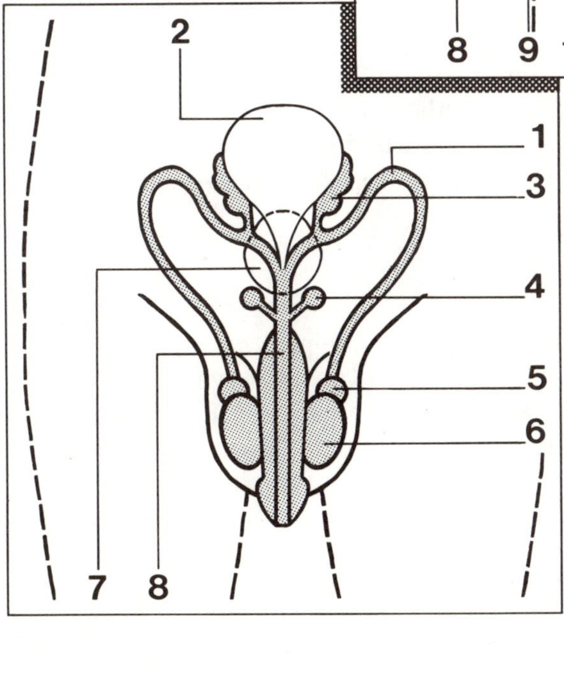

Vue de face, interne :

1 : canal déférent.
2 : vessie.
3 : vésicule séminale.
4 : glande de Cowper.
5 : épididyme.
6 : testicule.
7 : prostate.
8 : urètre.

(Dessins de Yannick Mouré.)

et permet ensuite de ne pas être trop excité pendant les prémices et d'avoir un rapport de plus longue durée.

Les jeunes, parfois, n'ont pas le temps et le confort idéals au bon déroulement d'un acte sexuel. Il faut absolument savoir qu'une pénétration, surtout chez une très jeune fille, doit être précédée de caresses qui dilateront ses organes et lubrifieront (*). Il ne faut jamais pénétrer une partenaire dont les muqueuses sont trop sèches et dont le clitoris (*) n'est pas en érection. Si donc on ne dispose pas de trop de temps et de bonnes conditions d'intimité, un échange de caresses mutuel vaut mieux qu'un acte sexuel loupé qui sera frustrant pour les deux amoureux.

Le temps de « mise en condition » d'une partenaire est évidemment très variable d'une personne à l'autre, d'une ambiance à une autre ; on peut donner une fourchette qui va de quelques minutes à une demi-heure. Cette durée est également variable d'une relation à l'autre, d'une circonstance à l'autre, elle n'a pas de signification en elle-même et surtout ne préjuge en rien d'une bonne sexualité dans l'avenir.

Quant à la contraception, même si l'initiative et le suivi vous échappent concrètement, ne tombez pas dans un laxisme qui consiste à dire que cela ne vous regarde pas. Vous êtes impliqué et c'est témoigner d'un minimum de respect pour l'Autre que de vous y intéresser.

c) La Première fois des filles

D'abord soyez contraceptionnée, c'est le meilleur moyen d'être décontractée psychologiquement et physiquement avant, pendant *et* après (voir *Contraception*), et puis *choisissez-le*. Pas de « Première fois-suicide », même si vous êtes une « vieille » d'au moins 20 ans ! L'idéal *« évidemment, mais c'est bien sûr... »* est d'être amoureuse, de se faire et de faire une fête, dans les meilleures conditions de tendresse, de joie et d'intimité. Cela vaut la peine d'attendre en se disant que chacun finit par trouver sa chacune ici-bas.

N'abordez la Première fois, c'est-à-dire ici la phase « pénétration », que lorsque vous aurez déjà expérimenté largement le registre des caresses avec votre partenaire. S'il est impatient, vous devez lui dire de prendre son temps, c'est absolument légitime et il doit le comprendre. Sinon classez-le dans la catégorie des mufles (* et son « féminin ») et sachez que les mufles sont le contraire des bons amoureux : à fuir...

Il faut donc que vous ayez acquis, vous et lui, une bonne expérience à ce niveau et si les caresses qu'il vous prodigue sont agréables, dites-le lui (exemple : j'aime que tu me caresses ici ou là..., continue..., ne va pas trop vite...). S'il est un peu maladroit *dites-le absolument* (exemple : doucement, appuie un peu moins, ou moins vite...) car, notamment, le clitoris est *très* sensible et les garçons, souvent crispés au début, le malmènent et alors il se rétracte.

Ces merveilleuses prémices (*), qui sont à l'amour ce que sont les « entrées » dans le déroulement d'un repas de fête, outre qu'elles sont infiniment agréables et variées, vont jouer pour vous un rôle important qui est celui de dilater et de lubrifier vos organes. Ce processus est, surtout au début, assez lent (là aussi, il est très normal qu'il soit variable d'une personne à l'autre) et conditionne la suite de l'acte sexuel.

Il faut que vous vous sentiez prête, dilatée et offerte, tant physiquement que psychologiquement et ce sera « la Première fois ».

On ne peut évoquer cette « Première fois » sans parler de l'hymen (*). Surtout ne croyez pas que cette membrane, située à l'entrée du vagin, soit comme une porte bien close. Ne serait-ce que pour permettre l'écoulement des règles, elle est heureusement plus ou moins perforée et, dans la majorité des cas, le sera définitivement après un premier rapport sexuel. Le port des tampons (*) périodiques internes chez les jeunes filles est une très bonne chose et prépare progressivement le terrain.

Il peut y avoir, pendant ou après le premier rapport, un petit écoulement sanguin, mais ce n'est pas obligatoire et les deux possibilités sont normales.

ORGANES GÉNITAUX FÉMININS

Vue de face :

1 : ovaires.
2 : trompes.
3 : corps de l'utérus (matrice).
4 : col de l'utérus.
5 : entrée de l'utérus.
6 : vagin.
7 : vulve.

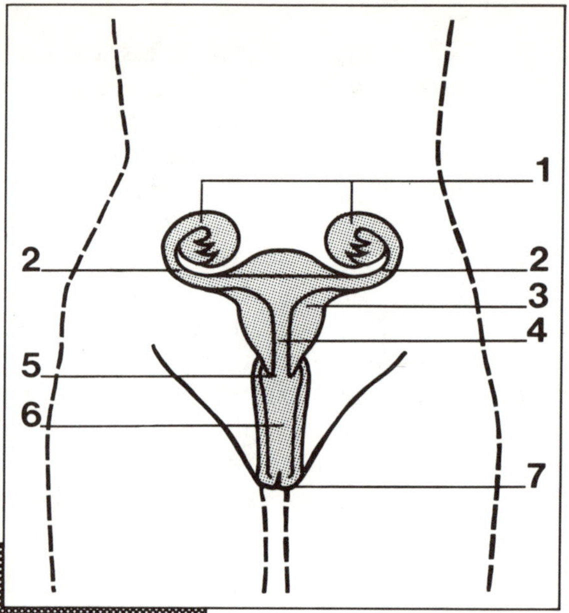

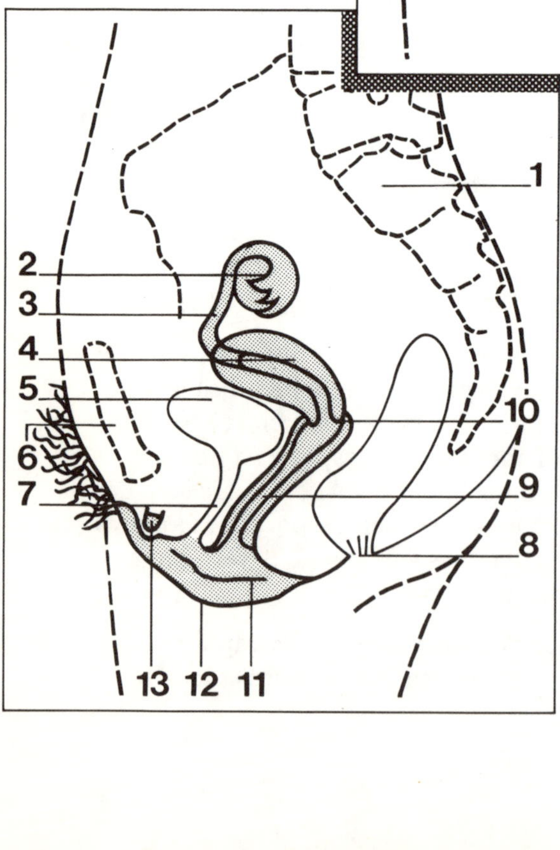

Vue en coupe, de profil :

1 : colonne vertébrale (sacrum).
2 : ovaire.
3 : trompe.
4 : utérus.
5 : vessie.
6 : os du pubis.
7 : urètre.
8 : rectum.
9 : vagin.
10 : entrée du col de l'utérus.
11 : petites lèvres (internes).
12 : grandes lèvres.
13 : clitoris avec corps érectile.

(Dessins de Yannick Mouré.)

ORGANES GÉNITAUX FÉMININS

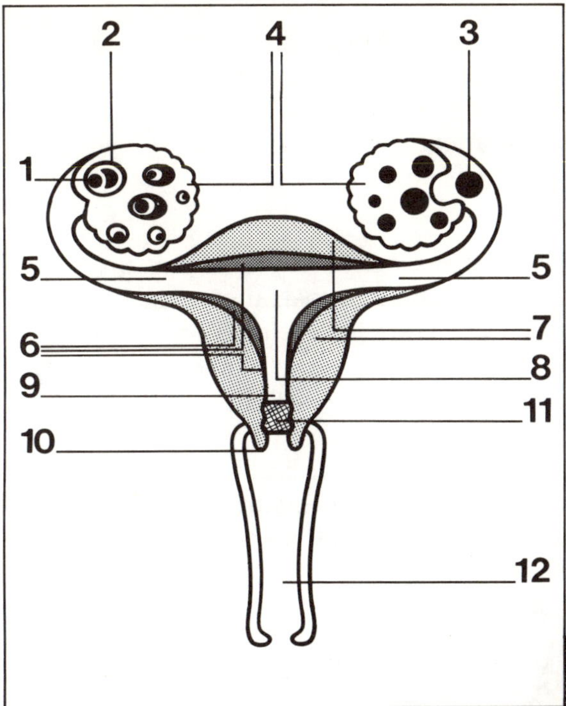

Coupe interne :

1 : follicule mûr.
2 : ovule.
3 : œuf se dirigeant vers la trompe (ovule).
4 : ovaires.
5 : trompes.
6 : muqueuse utérine.
7 : corps de l'utérus.
8 : cavité utérine.
9 : col de l'utérus.
10 : entrée de l'utérus.
11 : bouchon obturateur de mucus.
12 : vagin.

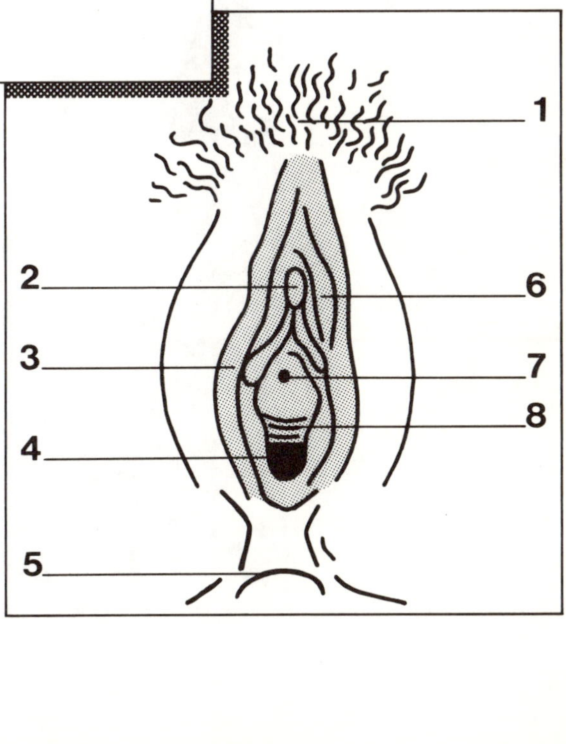

Entrée du vagin
(vulve avec lèvres écartées) :

1 : poils pubiens.
2 : clitoris avec corps érectile.
3 : grandes lèvres (externes).
4 : entrée du vagin.
5 : voûte.
6 : petites lèvres (internes).
7 : méat urétral.
8 : plis vaginaux.

(Dessins de Yannick Mouré.)

A notre époque et dans la société occidentale, on ne porte plus aux nues cet « accessoire » qui est un tabou presque tombé, mais il faut savoir que de récentes statistiques ont montré qu'environ 12 % des jeunes mâles souhaitent épouser une vierge, et que dans certains pays et certaines traditions, la virginité est encore exigée et même monnayée !...

Si Elle et Lui sont vierges, cette situation n'est pas forcément un handicap. La rencontre de deux êtres parfaitement débutants, surtout s'ils sont amoureux, peut être l'occasion d'un beau départ s'il est fait avec tendresse, indulgence, humour, bonne volonté, franchise, et en consultant pas mal de bons livres d'information sexuelle et d'érotisme (*). Il est souvent bien mieux d'être deux ignorants ensemble que de compter sur un ou une initiateur(trice) maladroit(e). Donc pas de complexe, **l'amour appartient à ceux et celles qui sauront donner et recevoir dans l'échange réciproque de l'amour-partage.**

Les amoureux aux pigeons (photo de l'auteur).

d) Conclusion de la Première fois des jeunes

Si cela s'est bien passé, dites-vous que vous avez eu de la chance, et que vous avez bien su mettre à profit les éléments d'information sexuelle en votre possession.

Si cela a été « moyen », sachez que c'est le cas le plus général, dites-vous qu'une étape a été franchie et que la suite ne pourra être que beaucoup mieux.

Si cela a été loupé, bien analyser vos manquements et y remédier, surtout ne pas avoir de complexes, car on n'apprend qu'en se trompant et... recommencer au plus vite !

De toute façon, lire attentivement les chapitres suivants et bien revenir sur les mots clés au fur et à mesure de vos expériences.

e) La Première fois des adultes

Après *la* Première fois passent le temps, les années et, pour certains, viennent *les* Premières fois qui jalonnent la vie et dont le nombre est extrêmement variable d'une personne à l'autre.

Ce paragraphe n'est pas pour les dons Juans et doñas Juanas issus de la « libération sexuelle (*) » des années 1960-70 et qui « baisouillent » allègrement sans complexe ni problème (sauf, peut-être, quelques M.S.T. dont ils ont d'ailleurs une part de responsabilité). Qu'ils fassent donc l'amour avec le plus de fraîcheur possible, d'hygiène et de précautions antiépidémiques (par exemple, préservatifs et ovules spermicides (*)). Ce paragraphe concerne plutôt ceux ou celles que les déboires de l'existence, les circonstances imprévisibles, l'usure plus ou moins rapide des couples... ont conduit vers de nouveaux partenaires, de nouvelles amours.

Passée la tristesse d'un chagrin ou d'une déception, la liberté retrouvée ouvre de nouvelles perspectives et il est très grisant de ressentir les émotions juvéniles d'une « Première fois » avec cette tranquillité intérieure que donnent l'expérience acquise et les complexes surmontés. On sait... mais sait-on vraiment ? Chaque être humain est unique et une nouvelle rencontre est toujours un choc (1) entre deux mondes d'émotions et, quelquefois, il y a des surprises (bonnes ou mauvaises).

Il faut dire, dès l'abord, qu'en général « la Première fois » ce n'est pas forcément « sublime » ; il y a souvent un petit brin de réserve, un rien de timidité qui feront que « c'était bien, mais »... C'est évidemment tout à fait normal, cela démontre combien l'acte d'amour n'est pas un acte anodin et que ces entités que nous sommes, dans le partage du repas charnel, demandent un minimum d'amour, de connaissance, d'affinités, d'attirances... sur tous les plans. Évidemment, si l'on est passionnément amoureux, cet état transcende tout et cela peut être formidable dès la première fois ou..., comme le raconte si bien Dali lorsqu'il relate sa « Première fois » avec Gala : Rien ! panne d'érection par excès d'émotion ! Et si, de par la surabondance de ses dons artistiques cela a duré une semaine chez Dali, il faut que M. et Mme Tout-le-Monde sachent que cela peut leur arriver. A vous, gente Dame, d'être à la hauteur de ce « silence érectif », de le prendre comme l'hommage d'une émotion paralysante, de vous réjouir (intérieurement) d'être du sexe féminin et de vous rappeler qu'un autre organe peut aussi connaître ce genre de défaillance : il arrive de *« rester sans voix »* ou *« d'avoir le souffle coupé »* devant des circonstances trop émotionnelles.

Rassurez donc votre partenaire, mais sans le traiter comme un infirme ; ne le laissez pas centré sur son échec provisoire, dites-lui que vous aimez ses caresses, soyez « chatte ». S'il s'occupe de vous il se déconcentrera de son problème et la forme reviendra. Si cela dure un peu, proposez de sortir : aller au restaurant, voir un spectacle, prendre un verre... Cela suffit généralement, mais si cela persiste, disons au-delà de 8 jours, consulter un médecin ou un sexologue. Dans tous les cas : ginseng-alfa, céleri, menthe, etc. (voir

1. Alice Sapritch dit que « *dans une rencontre, il y a 3 éléments " idéaux " : le choc, le chic et le chèque* » et, ajoute-t-elle, « *les 3 ensemble c'est malheureusement rare* ».

L'amour appartient à ceux et celles qui sauront donner *et* recevoir dans l'échange réciproque de l'amour-partage (*L'Offrande du Cœur*, tapisserie d'Arras, XVIe siècle, musée des Thermes et de l'hôtel de Cluny, Paris).

Aphrodisiaques) sont des stimulants que l'on peut associer aux prescriptions médicales.

Pour les femmes aussi ce genre de blocage existe, mais la manifestation en étant moins spectaculairement visible, cela ne prend pas la même tournure dramatique. Le merveilleux film de Claude Lelouch *Un homme et une femme* montre bien comme « la Première fois » de l'héroïne est perturbée par le souvenir de son mari décédé. Il est logique que la résurgence d'une telle réminiscence dans un tel moment bloque le déroulement normal du plaisir (*) car celui-ci, surtout chez la femme, est lié à un investissement total dans l'acte d'amour qui peut être annihilé par des pensées parasites négatives. Il y a donc, si cela arrive, un travail de rejet, d'oubli, à faire absolument. Il est essentiel de recommencer une nouvelle relation, un nouvel amour, en « vidant le plus possible la mémoire », c'est la seule façon d'aborder avec fraîcheur un être qui n'est pour rien dans les souvenirs fanés et stériles du passé.

Plus courants sont l'éjaculation précoce (pour les hommes) et la venue trop rapide de l'orgasme (chez la femme) par excès d'émotion ou plus simplement parce qu'on n'a pas fait l'amour depuis un trop grand laps de temps (durée variable d'un individu à l'autre) : cela est plus qu'on ne le croit généralement le cas des célibataires timides et de certains couples mal assortis au point de vue fréquence. Le petit conseil donné au paragraphe *la Première fois* de se masturber quelques heures avant une rencontre est ici tout à fait utile, pour les deux sexes d'ailleurs. Il n'est pas ridicule de retourner à de « jeunes pratiques », c'est au contraire bien se connaître, et si cela peut vous faire arriver à votre rendez-vous plus « cool », vous n'en n'éblouirez que davantage votre partenaire par votre self-control.

Si donc cela vous arrive, Monsieur, ce n'est pas grave ; ce n'est un secret pour personne, maintenant, que la pulsion masculine est très forte et très fragile. A vous d'abord de dédramatiser, de prendre la chose avec humour et, surtout, de ne pas planter là votre partenaire en vous refermant sur vous-même, ou pire en l'abandonnant là, à demi ou aux trois quarts émoustillée, pour disparaître au salon fumer une cigarette. Non et non, occupez-vous d'elle longuement, minutieusement — les caresses sont le miel de l'amour — l'envie vous reviendra et vous aurez « récupéré » lorsque votre partenaire sera prête.

Quant à la Dame, elle ne doit pas se replier sur elle-même, mais s'occuper de son partenaire et cela revient très vite, souvent même plus vite que chez les messieurs.

La « Première fois » est souvent « trop rapide » pour les femmes comme pour les hommes, et ne préjuge en rien de la suite de la relation.

3. La sexualité débutante

Ce paragraphe ne comporte que des généralités qui sont essentiellement destinées aux débutants, mais dont les plus expérimentés pourront s'inspirer pour, éventuellement, « rectifier le tir » ; il vise à attirer l'attention sur les quelques bonnes habitudes à prendre qui aideront à acquérir le « savoir-vivre sexuel » en fonction du caractère, des tendances et des goûts de chacun dans le rythme et les circonstances de la vie sexuelle.

a) Généralités pour Elle et Lui

L'amour est l'**art des arts** (1) que les créateurs, depuis la nuit des temps, expriment au travers de la peinture, de la sculpture, de la musique, de la littérature, de l'architecture... Seulement quelques-uns d'entre nous légueront à la postérité une œuvre impérissable — témoin de l'amour de notre temps — mais chacun, en revanche, est suffisamment artiste pour essayer de vivre sa vie amoureuse, sentimentale et sexuelle le plus harmonieusement possible et faire de l'acte d'amour un « moment » de beauté, de joie

1. L'art est l'expression d'une idée de beauté dans les œuvres humaines (voir la citation portée en exergue de la seconde partie : *le Jardin des délices*).

et de plénitude. Puis, un jour peut-être, de procréer dans cette fusion relationnelle et de participer ainsi à la chaîne des générations au travers de ce fugace et merveilleux instant de bonheur partagé.

La pulsion d'amour, chez les humains, si elle s'associe pour une part à l'instinct animal universel, s'en différencie fondamentalement par le fait qu'elle n'est pas « subie » saisonnièrement (rut des mammifères, par exemple), mais vécue dans une grande liberté d'initiative, de circonstances et de choix. C'est, avec la liberté de penser et de créer (dont elle participe d'ailleurs), l'un des grands cadeaux de la vie, vie dont Artur Rubinstein dit qu'elle est « un cadeau, un beau cadeau ! », globalement bien sûr, mais aussi faite d'un certain nombre de « cadeaux » dont l'amour sexuel est l'un des plus beaux.

Cadeau donc, et chez les Orientaux si raffinés, ce n'est pas par hasard que l'on parle d' « offrande » pour exprimer non seulement l'amour sentimental mais aussi l'amour physique ; cette pulsion relationnelle (relation veut dire, notamment, « rapport entre deux »...) qui s'exprime au travers de la « relation sexuelle », indique très justement qu'elle implique un duo et non un solo. C'est bien le contraire du « chacun pour soi » dont se plaignent tant de partenaires. Cette relation nécessite donc d'apprendre à se connaître (on revient toujours au « *Connais-toi toi-même* » de Socrate...) *et* d'essayer de connaître sa compagne, son compagnon, au travers de sa personnalité, de ses goûts, avec le maximum de réalisme et d'amour.

L'un des points importants à régler **définitivement** dès le début de la vie sexuelle est la contraception. Il n'y a pas de relation heureuse et épanouie si une femme est bloquée par la crainte d'être fécondée et pour un homme s'il est obsédé par la peur de ne pas se retirer à temps... Cela existe encore, et pour des couples de tous âges qui ne peuvent donc avoir de relations épanouies et connaître cette détente bienfaisante de la vie amoureuse « décontractée » qui relègue au magasin des antiquités la « peur du retard des règles ». Il y a pourtant, à notre époque, suffisamment de moyens contraceptifs pour permettre à chaque couple de trouver une solution à

Jeux amoureux de pasteurs au temps où le Sahara était fertile et verdoyant (fresques pariétales néolithiques du Tassili ; photo de l'auteur).

son cas, à ses problèmes s'il y en a ; votre médecin (gynécologue, généraliste) saura vous conseiller et vous suivre. Il ne faudra surtout pas négliger *le suivi régulier* d'une contraception (pilule femme ou homme, stérilet, etc.) au rythme prescrit qui aura, de plus, l'avantage d'être une véritable médecine de prévention, notamment grâce aux examens « de routine » : frottis (*), palpage (*) des seins...

Il faut également essayer de tenir compte dans un couple de ce que l'on peut appeler « le tempérament », terme qui englobe différentes tendances et pulsions sur les plans physique, vital, mental et spirituel. On dit que les extrêmes s'attirent... et chacun d'entre nous connaît certainement des couples très dissemblables qui, malgré les orages, tiennent et d'autres, apparemment « paisibles », qui un jour se séparent dans la stupeur plus ou moins générale de leur entourage. Ce sont bien là les grands mystères de la *relation* qui indiquent comme la vie à deux est complexe et compliquée ; s'il n'y a pas de recette miracle ni de formule qui permettent de définir des « couples types idéals », on peut quand même attirer l'attention sur quelques points « du tempérament » sur lesquels il semble préférable d'être « bien assortis ». Mais, répétons-le, ce ne sont que des indications qu'il conviendra d'analyser et d'utiliser avec beaucoup de finesse. Il faut un minimum de temps pour s'observer, se connaître, et ce temps-là **il faut le prendre**. Reconnaissons, à cet égard, que « l'union libre (*) » avant de se lancer dans le mariage, permet aux couples, en vivant quotidiennement la réalité de la vie, d'expérimenter la vie à deux et la connaissance de l'autre dans ce vécu, si cela est fait sans tricherie (*) ni mensonge (*).

b) Tendances plus ou moins introverties ou extraverties

Il n'est pas question ici de se livrer à de grandes analyses psychologiques, mais seulement d'informer le jeune lecteur sur des tendances qui sont en chacun de nous et qui sont très diversement manifestées et réparties dans les multiples facettes de la personnalité car, sauf cas rarissimes et pathologiques, nul n'est tout à fait extraverti ou introverti. Il faut se garder de ce genre de caricature et essayer de connaître l'autre, en tentant simplement de voir dans ces facettes et le jeu de ces facettes s'il y a **résonance harmonieuse de part et d'autre**, possibilité d'accepter l'autre tel qu'il est.

Au niveau du quotidien, il est important pour chaque partenaire de voir, par exemple, si l'exubérance ou la réserve de l'autre lui convient, non seulement dans la vie intime mais aussi dans la vie en société. En effet, une « gaffeuse-démonstrative-rigolote » pourra à la longue choquer et exaspérer un « distingué-susceptible », pourtant séduit de prime abord car on est souvent attiré par ce qui choque son propre tempérament ; à long terme, cela pourra poser des problèmes. Cependant, si Monsieur a de l'humour et de la tolérance cela donnera un couple formidable mais, s'il est plutôt « pisse-vinaigre », il vaudra mieux qu'il se tourne vers une « douce-un-peu-snob » et la « rigolote » fera les délices d'un « bon-vivant-jovial » plutôt que d'essayer de jouer les « fausses-distinguées ».

Cet exemple schématique est juste donné pour que chacun puisse tenter, par une analyse simple, d'examiner les tempéraments en présence et d'essayer de voir si, à la longue, ce qui choque — et pour quoi l'on est toute indulgence parce que c'est tout nouveau, tout beau — ne deviendra pas exaspérant, voire insupportable, et mois après mois la cause d'une lente destruction du couple.

Sur le plan sexuel, un (ou une) ± introverti est en général plus réservé, plus pudique et prend souvent le temps de vivre pleinement et dans le détail sa sexualité. Ce tempérament n'aime pas beaucoup les démonstrations hors intimité mais, dans l'intimité, peut être capable de grands raffinements.

Un (ou une) ± extraverti possède un tempérament sinon exubérant, du moins spontané et démonstratif. Cela peut donner le genre « chien fou affectueux » en public et, dans l'intimité, des ébats plutôt bruyants mais exquis. C'est M. « Toujours-Prêt » et Mme « Prête-à-Tout », à condition que ce soit le bon jour !

Pour conclure sur ce type de « tempérament », on peut citer un proverbe de la sagesse populaire russe qui dit mieux qu'un long discours que « *on n'attelle pas au même timon le cheval fougueux et la biche craintive* » (Tourgueniev, *Scènes de la vie russe*).

c) Appétence sexuelle

Il est éminemment souhaitable d'être bien assortis sur ce plan, et l'analogie avec les plaisirs de la table est ici tout à fait parlante : un « gourmand-glouton » se lassera vite d'une « chipoteuse-anorexique » (1) et un « gourmet-raffiné » sera gêné, voire épuisé,

1. Anorexie : perte ou diminution de l'appétit (ici, sens figuré se rapportant à la sexualité).

par une « dévoreuse-boulimique ». Réciproquement, la « chipoteuse » sera rapidement saturée des festins de son « gourmand » et la « boulimique » sombrera dans l'insatisfaction et, probablement, dans des bras plus accueillants !

Bien sûr, et comme cela a déjà été dit au paragraphe précédent, en général les tendances ne sont pas aussi caricaturalement typées, surtout au début de la vie sexuelle ; il n'est pas rare de voir de « frugales jeunes natures » de 20 ans devenir des « gourmands-gourmands » à 25 ou 30 ans (et plus...), souvent à la faveur d'un changement de partenaire, d'une grande passion sentimentale, de problèmes de santé physique ou psychique passés, etc., ou chez ceux ou celles qui ont eu des débuts sexuels difficiles qu'ils (ou elles) ont pu surmonter grâce à une thérapie chez un sexologue (*).

d) Sentimentalité, romantisme

Que l'on soit très romantique (*) ou seulement sentimental (*), il faut veiller à être en harmonie avec son ou sa partenaire car on touche là à l'*extra-sensible* des êtres et l'exquise entente des âmes et des états d'âme influencera immanquablement la vie sexuelle.

La romantique et le « macho » (*) c'est dépassé, mais cela arrive trop souvent car ce type d'homme repère la gentille « poire » de très loin. Madame, Mademoiselle, si vous êtes concernées, **jetez-le**, d'une façon romantique bien sûr, par exemple en lui faisant envoyer quelques cactus par un fleuriste, ou bien faites-lui un poème (vache) que vous fixerez sur une planche à clous... Quant aux « machettes (*) » qui empoisonnent de plus en plus la vie des gentils sentimentaux, il faut, Messieurs, fuir à toutes jambes ces « outils castratoires ». Attention, car si un « macho » est identifié assez rapidement, au féminin c'est plus subtil, plus « fardé » (rien à voir avec le maquillage !...). Bref, ouvrez l'œil et surtout les oreilles à ses propos (lorsqu'elle parle d'elle-même et de sa vision des autres). Pour la jeter, quelques cactus auxquels vous pourrez ajouter une douzaine de tiges de roses bien piquantes... Il y a aussi un parfum *Poison* et le bon vieux martinet, toujours en vente dans les drogueries sérieuses !

Sentimentalité et romantisme *(photo de l'auteur).*

Lorsqu'on est sentimental, la relation sexuelle est très souvent conjointe à l'amour sentimental, d'où la fragilité du vécu et l'importance de l'échange, mais aussi la sublimation de cet acte dans la fusion amour physique/amour sentiment. Les romantiques malmenés par des partenaires mal assortis, trop indélicats, trop brutaux (sur tous les plans) sont rapidement perturbés moralement, physiquement, avec des répercussions sur la vie sexuelle (problèmes d'érection, d'éjaculation précoce, frigidité, etc.).

e) Réalisme

Ce terme est pris ici dans un sens négatif, pour exprimer le contraire du romantisme (qui, à l'excès, peut aussi devenir négatif).

Ici également se garder de caricaturer. Les « grands romantiques » sont rares et les « réalistes-matérialistes » aussi, heureusement ! Les types mixtes, plus fortement marqués de l'un ou l'autre genre, sont légion dans notre société dite cartésienne, et il faut reconnaître qu'avoir « les pieds sur terre » est une belle qualité, mais trop de gens prennent ce prétexte pour masquer un égoïsme insupportable.

Donc les « très réalistes » éviteront les « doux sentimentaux » sous peine de se noyer rapidement dans la guimauve et les états d'âme d'un imaginaire insondable qui les désorienteront et les agaceront.

Les types mixtes donnent de très bonnes harmonies si les « négatifs » et « positifs » s'imbriquent bien et, au plan sexuel notamment, pourront exprimer des harmoniques rares.

f) Rythmes et conditionnements

La vie n'est que rythmes, cycles (jour/nuit, travail, saisons, etc.) et chacun de nous vit, consciemment ou inconsciemment, plus ou moins bien ces alternances qui nous influencent ; la « cassure » du rythme circadien lors du « changement d'heures » biannuel est à cet égard très néfaste (cycle du sommeil, rythme digestif, etc.) et les mauvais effets en sont très visibles, notamment chez les jeunes enfants, les animaux...

g) Sommeil

Tout le monde sait qu'il y a les « lève-tôt » et les « couche-tard ». Au sein d'une même famille cela est facilement observable et souvent l'occasion de plaisanteries pour celui ou celle qui

Au temps d'Astérix, confortable dodo-câlin ; pas si primitifs ces Gaulois ! (Lit en terre cuite, période gallo-romaine ; musée de Saint-Germain-en-Laye.)

« déborde » d'un horaire moyen commun à la majorité des individus. Le temps de sommeil varie également d'une personne à l'autre (entre six et dix heures) et cette répartition horaire peut poser problème chez certains couples.

Il faut faire preuve dans ce domaine d'une grande tolérance car ce « conditionnement » est très profondément ancré et il sera nécessaire d'organiser le vécu sexuel du couple en fonction de cette réalité. Il faudra **en parler** et trouver ensemble soit un « moyen terme », soit des arrangements qui ne soient pas trop contraignants.

Si le décalage est minime (une ou deux heures le soir par exemple) le ou la « couche-tard » qui a envie de faire l'amour devra choisir entre la télé (ou une autre occupation) et son ou sa partenaire. Il est désagréable et indélicat de réveiller l'autre dans son premier sommeil pour… (cela peut cependant, quelquefois, être agréable...). De même, à l'inverse, si le, ou la, « lève-tôt » se précipite sur son, ou sa, partenaire aux aurores, cela peut souvent ne pas être apprécié (mais, là aussi, parfois...). De toute façon, réveiller l'autre avec délicatesse et tendresse et savoir qu'un grand nombre de personnes trouvent que l'amour au réveil est une délectable gourmandise.

Pour les couples dont la vie professionnelle impose à l'un ou à l'autre un rythme horaire particulier (« 3 × 8 », professions médicales, personnel de surveillance, artistes, etc.), il faudra être très vigilant et essayer d'harmoniser au mieux les rythmes personnels *et* le rythme imposé par la profession (voir paragraphe suivant).

h) Vie professionnelle

L'expression « Métro-Boulot-Dodo », bien que caricaturale, montre combien, notamment le citadin, est « coincé » dans un rythme qui lui laisse peu de temps pour autre chose. Et, pour certains, si l'on ajoute la donnée télé : « Métro-Boulot-Télé-Dodo », on peut se demander en effet quel temps va rester pour vivre une sexualité épanouie dans un tel programme !

Il faut donc, dès le commencement d'une vie à deux, se réserver le « Temps de l'Amour », en sélectionnant rigoureusement les sorties, les émissions T.V., la famille, etc., car, s'il n'y prend pas garde, le couple est rapidement envahi par de multiples activités et cela au détriment de la rencontre sexuelle qui, dans les projets, est trop souvent « oubliée ».

Donc rester vigilant et savoir que si, pour les couples qui ont de jeunes enfants, les obligations parentales doivent être pleinement assumées, là non plus qu'elles ne le soient pas au détriment de l'harmonie des époux. Il est plus important pour un enfant d'avoir des parents amoureux que des vitres et des parquets rutilants et un papa ou une maman atteint de « réunionnite aiguë », si cela est fait au détriment d'une vie sexuelle épanouie (voir *Introduction*).

i) Loisirs

Les loisirs cachent, pour la sexualité, le même piège que pour la vie professionnelle, et les week-ends ou les vacances tant attendus pour **se retrouver**, se parler, s'aimer, sont trop souvent surabondamment programmés (famille envahissante, sports trop contraignants et trop fatigants, manque d'intimité, sorties trop fréquentes, etc.). A cet égard, les logements loués dans les stations de ski sont un exemple criant d'anti-intimité où l'on entasse 6 ou 8 personnes dans 50 m^2 (ou moins). Pourtant les soirées d'hiver seraient propices à de longs et doux échanges sur l'oreiller. Hélas ! c'est généralement une période d'abstinence, de disette amoureuse ; frustrant non ? Quant aux rêves de « siestes coquines » pendant les vacances, ne les laissez pas n'être que des phantasmes jamais réalisés. La lente décrépitude de beaucoup de couples commence par ce type de négligence, d'inattention.

j) Saisons

L'expression populaire « *C'est le Printemps...* », dite d'un air coquin avec un coup d'œil égrillard, souligne bien la poussée des forces vives de cette saison du renouveau (1) et son influence réelle sur la sexualité. Évidemment les manifestations en sont plus discrètes chez les humains que sur les plantes ou les animaux, mais cette « montée de la sève » révèle combien l'être humain, notamment par la pulsion sexuelle, participe du Cosmos au travers, entre autres, du cycle solaire : « *Le microcosme est dans le macrocosme* » et ce n'est pas par hasard que les philosophies de l'Inde en ont fait un des grands sujets de réflexion sur la vie, l'univers et la place de l'homme dans cette immensité.

---

1. « *Si j'étais un arbre ou une plante, je sentirais la douce influence du printemps. Je suis un homme... ne vous étonnez pas de ma joie* » (auteur chinois anonyme du XIe siècle).

Les vacances pour se retrouver, se parler, s'aimer...

k) Ovulation

Ce grand rythme, dit « cycle menstruel (*) », jalonne la vie des femmes en périodes de ± 28 jours, tous les mois, pendant environ une trentaine d'années (sauf pendant les périodes de gestation (*)).

Ce cycle se déroule, le plus souvent, un peu en arrière-plan des événements quotidiens, mais toutes celles qui ont utilisé la « méthode des températures (*) » ont rapidement su ressentir d'une façon assez précise (quelques heures) le déclenchement de l'ovulation (*).

Encore plus observable et très utile pour soi-même et pour le conjoint est de savoir que, quelques jours (3 à 6) avant la date normale présumée des règles (*), se situe une période d'irritabilité, de « déprime », ou les deux à la fois, qui peut aller chez certains sujets jusqu'à l'agressivité. En fin de cycle, lorsque l'ovule n'a pas été fécondé, se produit inconsciemment une « baisse de moral » (qui peut aller jusqu'à la dépression chez certaines femmes et à certaines époques de la vie) se traduisant par un vécu pénible et un peu caractériel.

Pour l'harmonie du couple, cette modification du comportement qui revient donc souvent et se manifeste avec plus ou moins d'acuité doit être observée :

— Par Elle qui, si elle se sent anormalement énervée ou déprimée, se posera la question : « *Voyons, que m'arrive-t-il ?* » et calculera à quel moment elle se trouve de son cycle (au bout de quelques mois, Elle repérera très vite les 2 ou 3 jours incriminés : ce seront les « jours sans ») et Elle pourra se dire à elle-même « *Bon, calme-toi, dans 2 jours ça passera, ce n'est pas grave* ». Cette période est souvent l'occasion de grands rangements, de grands ménages (réaction liée à la fébrilité).

— Par Lui qui, lorsqu'il la verra irritable (ou déprimée), calculera rapidement pour vérifier à quelle période du cycle est sa compagne (cela demande un petit effort de mémoire encore que, à notre époque, la plupart des femmes notent tous les mois la date de leurs

PROCESSUS DU CYCLE MENSTRUEL

a) Processus dans l'ovaire :

1 : follicule mûrissant.
2 : expulsion du follicule.
3 : projection de l'œuf et réception de celui-ci par la trompe.
4 : formation du corps jaune dans le follicule vide.
5 : dégénérescence du corps jaune.
6 : mûrissement d'un nouveau follicule.

b) Processus dans l'utérus (matrice) :

7 : gonflement de la muqueuse utérine.
8 : bouchon de mucosités.
9 : entrée de l'utérus.
10 : vagin.
11 : muqueuse prête à recevoir l'œuf ayant déjà grossi 6 fois.
12 : dissociation de la muqueuse et expulsion.
13 : ouverture de l'utérus (sans bouchon de mucus).

c) Développement de la muqueuse utérine :

A : menstruation (dissociation de la muqueuse).
B : reconstruction de la muqueuse (début de la période de fertilité du cycle).
C : ponte de l'ovule.
D : phase de congestion (sécrétions accrues) (fin de la période de fertilité du cycle).
E : règles (flux menstruel, jours du cycle).

d) Sécrétion des hormones :

Q : quantité d'hormones dans le sang.
F : folliculine.
O : œstrogènes, hormones du corps jaune.

(Dessins de Yannick Mouré.)

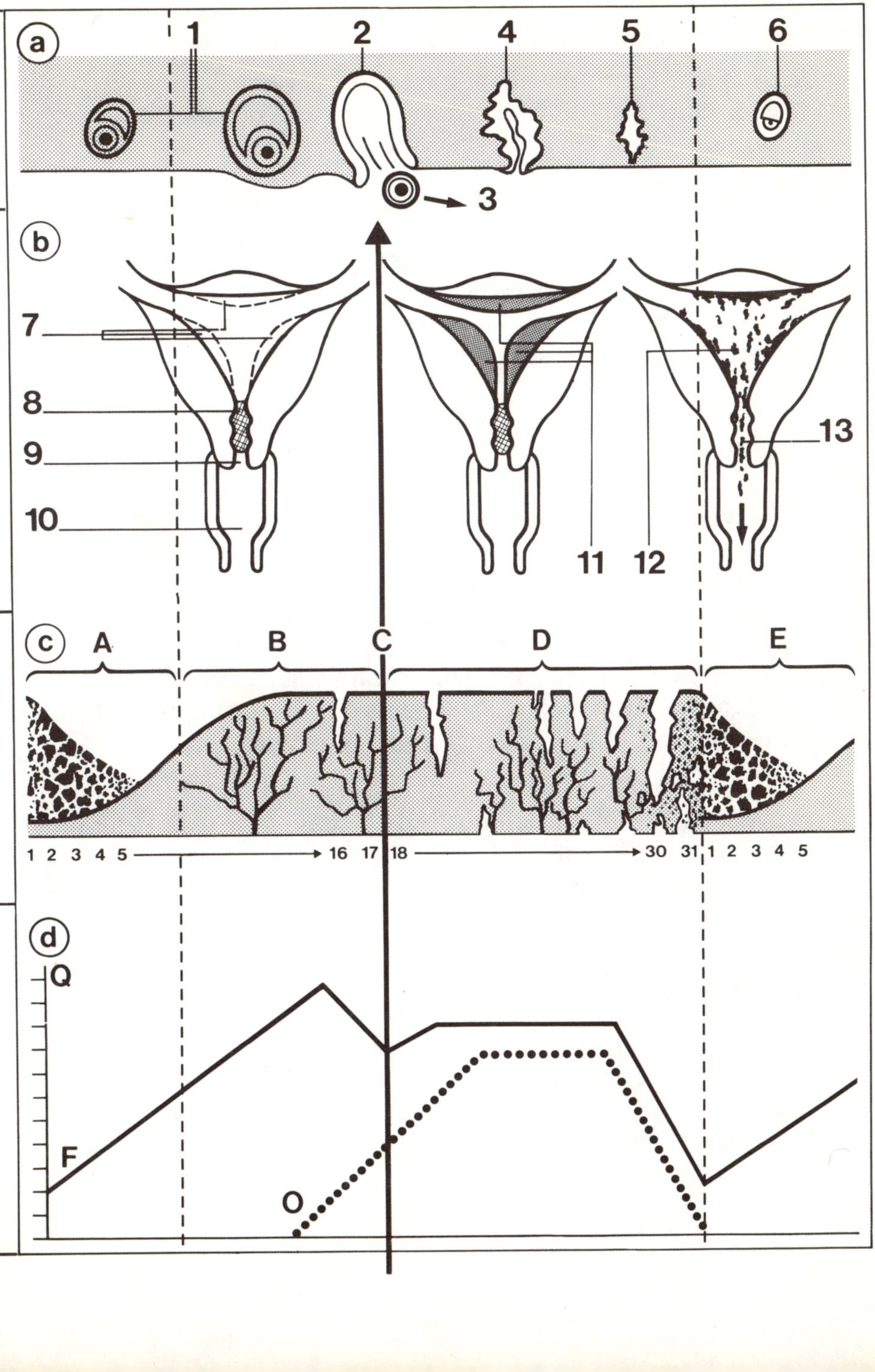
a
1
2
3
4
5
6
b
7
8
9
10
11
12
13
c
A
B
C
D
E
1 2 3 4 5
16 17 18
30 31 1 2 3 4 5
d
Q
F
O

règles). Très vite, Lui aussi repérera ces moments d'irritabilité dans le cycle et se gardera pendant cette petite période de discuter inutilement pour des détails et encore moins de débattre des points importants de la vie du couple.

Parler d'amour ce n'est pas seulement se dire des mots doux, se faire des compliments, c'est aussi **savoir se taire** lorsqu'on sait que l'autre n'est pas « dans son assiette » et, Messieurs, tous les mois votre compagne n'est plus pendant 2 ou 3 jours « *... ni tout à fait la même, ni tout à fait une autre...* » (Verlaine, *Mon rêve familier*). Il faut non seulement le savoir, mais l'intégrer dans sa vie.

l) Météorologie

Nul n'ignore plus l'influence sur le moral et le corps de la pluie, du beau temps, et tous les ans la grande migration des vacanciers vers le Sud et le soleil en est le témoin. Cette « course au Soleil », organisez-la bien pour qu'elle soit bénéfique sur tous les plans de votre vie, en évitant les pièges signalés au paragraphe *Loisirs*. L'action du rayonnement solaire sur les glandes sexuelles est très bénéfique, surtout associée aux bains de mer (hydratation, oligo-éléments, etc.) et à l'oxygénation en montagne.

Le vent et l'orage sont, pour certains, des stimulus sexuels et peuvent parfois offrir des motifs de ne pas sortir. Alors, un jour de grande tempête sur l'Atlantique ou un fabuleux orage en montagne seront, si vous le voulez, l'occasion de rencontres inoubliables au fond d'un lit douillet.

m) Alimentation

On doit « *manger pour vivre et non pas vivre pour manger* ». Ce vieux proverbe plein de sagesse est à rappeler ici car, pour ne pas avoir rapidement une « sexualité poussive », il importe que le corps soit sain et beau longtemps, grâce à une alimentation équilibrée et pas trop abondante. Il faut perdre les mauvaises habitu-

20 ans après...
20 kg de trop !

des alimentaires (familiales, culturelles...) et apprendre quelques notions simples de diététique. La croissance terminée, l'adulte ne doit pas continuer de grossir ; ce « stockage » au fil des années est catastrophique pour l'organisme et ralentit tous les rythmes naturels (digestion, circulation, respiration, sexualité, etc.), surtout s'il s'y ajoute une trop grande consommation d'alcool, de tabac (*) ou de drogue (*).

n) Société

Quant à l'influence de la société, elle agit dans tous les domaines et notamment sur la vie sexuelle, mais le sujet est trop vaste et dépasse le cadre de ce guide. Notons seulement une boutade philosophique du général Bigeard qui dit, à propos des maux de notre société, que « *les gens ont le " mal du Moi " ! et je leur dis : et ta sœur* (1) *?* » ! Il est tellement évident que si au lieu de se cris-

1. Le 2 avril 1987, dans l'émission télévisée *le Petit Théâtre de Bouvard* (A2).

talliser chacun sur ses petits problèmes (moi-je..., moi-je..., moi-je...) on se disait d'abord *à soi-même « Et ta sœur ? »*, beaucoup de choses iraient mieux.

Nous n'évoquerons ici que les questions du chômage et de la violence pour voir à quel point ces événements sociaux influencent la sexualité et se traduisent par des troubles divers : éjaculation précoce (*), frigidité (*)...

Tout ce que l'on peut dire c'est que, malgré les embûches et les difficultés de la vie que le citoyen ordinaire ne maîtrise que de très loin, le vécu sexuel, en revanche, dépend de soi, de l'Autre et non plus de la société. Il doit donc être un « havre », une « île de Paradis » où chacun puisera, dans l'entente, l'amour, la bonne humeur, les forces qui lui permettront de faire face aux difficultés. Au ciel de lit de chaque chambre devrait être inscrit : *« Il est interdit à la morosité d'entrer ici. »*

Que l'épreuve du chômage soit pour les couples l'occasion de se retrouver, de parler, de s'aimer et non de se détruire, pour faire face **ensemble** à la situation. Quant aux célibataires, que ce « temps libre » soit mis à profit pour faire des choses intéressantes : hobbies, sports, etc., qui seront l'occasion de faire des rencontres. Attention, si partenaires « occasionnels » utiliser absolument des préservatifs.

Quant à la violence qui s'exerce dans les mots, les gestes, les pensées de chacun, et qui rejaillit sur la société, il faut essayer de la canaliser dans des occupations sportives, culturelles ; sachez que l'amour physique est aussi un grand exutoire de tensions, que l'épanouissement de l'être humain dans une sexualité heureuse n'est plus à démontrer : « *Faites l'Amour, pas la guerre* » disaient fort joliment et justement les hippies !

o) Culture

La réputation des Français d'être de « grands amoureux » est toujours fermement établie à l'étranger. C'est l'un de nos grands « labels » avec la cuisine, la mode, les parfums, etc., et l'on peut

« *Il est interdit à la morosité d'entrer ici.* » (Médaillon central du pavage de la chambre du Maître ; mosaïque romaine — 3e/4e siècle apr. J.-C. — de la villa Casale de Piazza Armerina, Sicile.)

se demander si cette réputation est à la hauteur de la réalité de chacun ? Il faut donc que les jeunes générations le sachent afin de perpétuer cette tradition. Françaises, Français, l'amour est un art, dont nous sommes, paraît-il, les grands Maîtres (Maîtresses !), alors pensons-y : avant, pendant et après... le monde nous regarde !

p) Drogues

C'est le « cycle infernal », l'esclavagisme, l'autodestruction (la sienne ainsi que celle de ceux que l'on aime), et il est curieux de constater que ces fléaux, malgré des décennies de mises en garde, d'information, restent à ce point tenaces et en contradiction avec une époque dite moderne, évoluée et qui prêche la « liberté tous azimuts » !

Disons-le tout net, qu'il s'agisse du tabac, de l'alcool ou des drogues plus ou moins « dures », tout le corps est affecté par ces poisons et, pour ce qui est de la sexualité, les influences néfastes s'en font plus rapidement sentir qu'on ne le pense généralement, notamment chez les femmes. Et que dire des pauvres bébés procréés et portés dans des conditions épouvantables (« tabagisme des nourrissons », par exemple !).

Les consultants chez les médecins et les sexologues sont de plus en plus nombreux et de plus en plus jeunes, pour des problèmes d'inappétence sexuelle, d'érection, d'éjaculation précoce, cancers du sein... On voit maintenant apparaître très tôt chez les femmes des maladies qui étaient surtout répandues chez les hommes (cancer de la gorge, par exemple). Quant aux bébés toxicomanes, ils sont de plus en plus nombreux et c'est déjà, avant leur naissance, un bien triste avenir qui leur est réservé.

Nous ne pouvons que répéter ici ce qui est dit et redit depuis des lustres, à savoir que **vivre c'est participer à la vie** dans ce qu'elle offre de bon, de beau, en n'oubliant jamais que la France est un des rares pays au monde où il fait encore — malgré tout — bon vivre, et non de fuir dans des poisons plus ou moins lents qui ne résolvent rien, ni pour soi ni pour la société. Le Bouddha, ce grand sage d'il y a 25 siècles, a donné le bon point de repère, l'étalon, pour savoir ce qu'il convient de faire dans la vie ; il a dit : « *Ce qui est juste dans la vie, c'est ce qui est bon pour chacun* **et** *pour tous.* » A chacun donc de se poser cette question sur tous les plans et de trouver la bonne réponse. Pour les drogues, même apparemment mineures comme le tabac, elles ne sont bonnes ni pour chacun, ni pour tous ; alors, cela vaut peut-être la peine de faire un effort ?

Pour aider à accomplir cet effort, vous trouverez quelques adresses utiles en fin d'ouvrage.

4. Conclusion pour Elle et Lui

a) Lui

Dès le début de la vie sexuelle, il faut absolument apprendre à se maîtriser : il n'y a pas d'érotisme, de volupté, de plaisir (*) dans un acte incontrôlé, trop bref, sans partage. C'est le « fast-love-solo (*) » qui, s'il est excusable les premières fois, est par la suite, et dans un vécu de couple, un véritable handicap dans des relations d'adultes. Il faut savoir que c'est le reproche n° 1 que les femmes font à leurs partenaires dans les consultations de sexologues. Donc **apprendre à prendre son temps**. Prendre le temps des baisers, des caresses, des prémices et, si votre partenaire vous caresse (par exemple le gland, ou un autre de vos points très sensibles) demandez-lui d'arrêter un moment pour que « cela n'aille pas trop vite ». Rappelez-vous que la montée du plaisir dans le jeu des caresses est tellement exquis qu'il vaut la peine de patienter, de faire durer ; pour votre partenaire, il ne suffit pas qu'elle soit lubrifiée (la lubrification n'est que le tout début de l'excitation), pour la pénétrer, il faut que les lèvres soient dilatées, le clitoris bien en érection et que son plaisir ait atteint un certain niveau (sinon elle restera « en rade »), et surtout qu'elle vous le dise. C'est tellement plus simple que de se demander où elle en est ! Il faut donc en parler : avant, pendant et après. Se souvenir également que la durée de la montée du plaisir est variable d'un jour à l'autre, d'une circonstance à l'autre et que les variantes, postures, jeux érotiques pratiqués influent également sur le déroulement de l'acte sexuel. A vous de jouer et de bien jouer !

Le second point important à maîtriser au plus tôt dans les relations sexuelles est celui des caresses manuelles et buccales dont généralement les femmes raffolent. Mais attention, là aussi il faut en parler afin d'apprendre à connaître la façon dont Elle les préfère (variable d'une femme à l'autre) ; cela évitera bien des maladresses, des déboires, voire des blocages.

On parle moins de la maladresse féminine, pourtant elle existe. Il ne faut donc pas hésiter à dire à votre partenaire ce qui va ou ne va pas, comment, où, et avec quelle intensité vous aimez être caressé. Si elle est brutale avec le gland ou si ses caresses buccales (*) sont maladroites et sans imagination, expliquez-lui gentiment ce que vous aimeriez... et lisez **ensemble** le paragraphe *Caresses* (*). Pour ce type de caresses, il faut veiller à ce que le sexe soit parfaitement propre car les odeurs dégradées sont très désagréables.

Au début d'une relation sexuelle, la fréquence des rapports est très élevée et il peut alors se produire une légère irritation du gland. Ce n'est pas grave et une petite abstinence avec application d'une crème adoucissante devrait régler le problème. Si cela persiste et si des boutons ou autres anomalies apparaissent, voir un médecin (surtout si « partenaire occasionnelle » devenue « régulière » que l'on ne connaît que superficiellement) ; mais cela peut simplement être une petite infection gynécologique de votre partenaire (normal aussi si sexualité débutante) mais il importe alors de **se soigner conjointement** (voir à *M.S.T.*).

Si, disons au bout de quelques mois de pratiques sexuelles régulières, les problèmes de comportement, de maîtrise de soi, etc., persistent ou se révèlent, inutile d'attendre et de fixer ces problèmes en blocages : consulter absolument un sexologue.

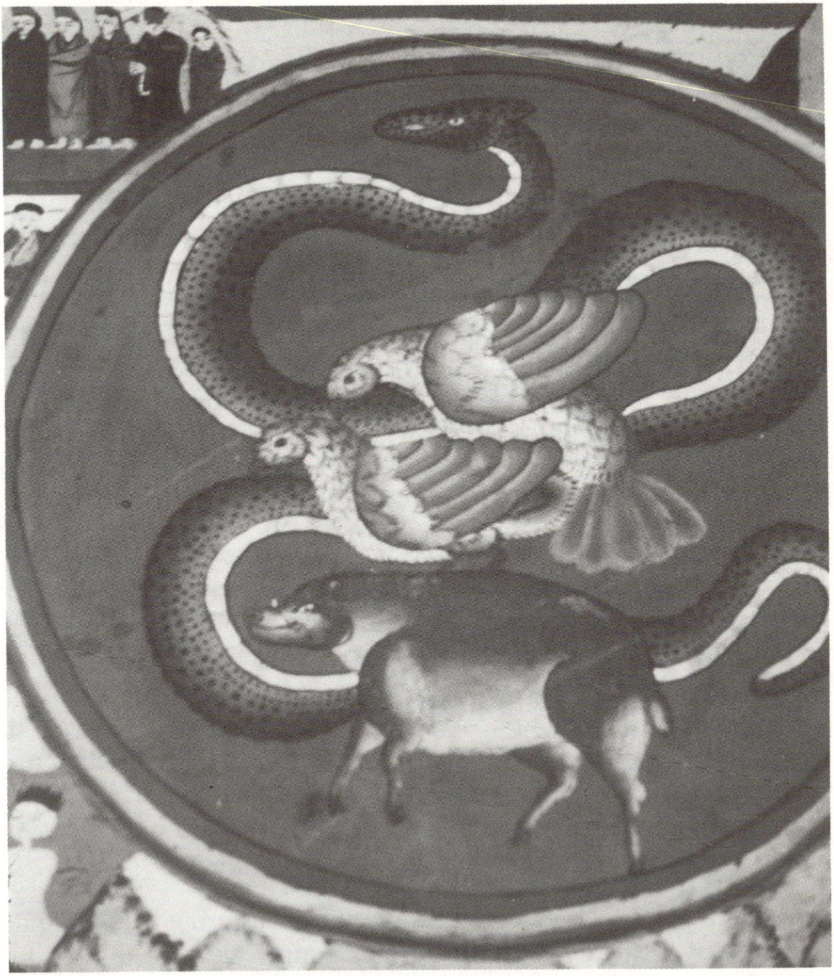

Médaillon central d'un mandala de la Roue de la vie (monastère de Punacka, royaume du Buthan ; *photo de l'auteur*).
Ici sont représentés les instincts qui animent la création :
— Le serpent : l'intelligence, la connaissance du plan intellectuel.
— Le sanglier : les fonctions instinctuelles du temporel.
— Le couple de pigeons copulant : l'amour et la procréation.

b) Elle

Comme cela a été dit pour Lui, il faut apprendre les caresses (*) et se garder de croire que cet art est si évident, si inné que cela. C'est pourtant dans le jeu des caresses que se trouve l'essentiel de l'érotisme et c'est dans ces prémices que l'on apprend à se contrôler pour qu'ensuite la pénétration soit, avant l'orgasme (*), un long échange de volupté au plus intime de vous-même.

Les premiers rapports ne sont pas toujours réussis et c'est normal pour un grand nombre de raisons. Lui doit apprendre à se maîtriser (cela peut demander des mois), à caresser sa partenaire de la manière qui lui plaît. Il faut donc être patiente, coopérative, ne pas se moquer ni se buter, apprendre à s'exprimer pour bien l'informer de ce qui se passe ou non au niveau des sensations que vous ressentez, et ne pas hésiter à guider sa main, sa bouche, son sexe, vers les endroits de votre corps qui désirent ses caresses.

Il faudra vous aussi apprendre à le caresser comme il aime et les caresses buccales, tellement appréciées, doivent être faites voluptueusement et sans s'étouffer par une trop grande intromission. Elles constituent d'ailleurs, pour vous-même, un stimulus sexuel visuel et tactile important. Le liquide qui s'écoule du gland est parfaitement propre et n'a pas grande saveur, il contient simplement quelques ferments lactiques et n'a pas à inspirer de dégoût. Cette sécrétion et ce membre sont en fait beaucoup plus propres que la salive et la bouche.

La phase de pénétration (*) ne doit être abordée que lorsque l'on se sent totalement prête. Le plus simple, surtout au début, est de le dire : « *Viens, mon chéri...* », ou toute autre expression amoureuse que vous trouverez, ce qui aidera votre partenaire à connaître le déroulement de votre « cycle de plaisir (*) » qui est plus complexe chez la femme que chez l'homme et variable (et varié) d'une femme à l'autre, d'une circonstance à l'autre.

Au début, bien se décontracter au moment de la pénétration, il faut être vraiment « offerte », puis ensuite devenir « active (*) ».

Chanter à deux l'hymne à la Joie au Jardin des délices *(photo de l'auteur).*

Il faudra aussi apprendre à maîtriser vos pulsions dans la montée du plaisir. La « phase en plateau (*) », savourée longuement à deux, ne se maîtrise et ne s'acquiert pas du jour au lendemain et c'est souvent plus facile pour les femmes. Rappelons avec force ici que le « fast-love (*) » n'est vraiment pas pour vous, sauf état d'excitation et circonstances rares.

Dans le commencement des rapports réguliers et fréquents, une irritation de la vulve, des lèvres, ou vaginale, peut se produire. Comme pour Lui, appliquer une crème adoucissante sur les parties externes. S'il y a, conjointement à l'irritation extérieure, pertes blanches, boutons, cystite, voir un gynécologue qui identifiera et soignera ces petites infections gynécologiques ou (et) urinaires banales. Attention, il faut que le partenaire soit traité également car il y a infection mutuelle.

Pour conclure, nous citerons Confucius : « *La joie est en tout, il faut seulement savoir l'extraire* », et dirons simplement que l'amour, le « cycle d'amour » dans la fusion de deux êtres, est joie, source de joie, hymne à la joie. Il faut avoir conscience et vouloir, dès le début de la vie sexuelle, que **faire l'amour** soit **faire la fête**, c'est-à-dire une exultation de toutes les sensations du corps, de l'âme. Que ce soit une fête, un festin, des festivités dans un grand festival au Jardin des délices.

DEUXIÈME PARTIE

Le Jardin des délices

« Le miracle des hommes c'est d'avoir obtenu d'une fonction un plaisir raffiné, et d'avoir créé un art d'aimer à son tour générateur de l'Amour dans l'Art. »

Florent Fels *(L'Art et l'Amour).*

Au sens premier, le mot jardin vient du francisque « gard », qui signifie *« lieu clos où l'on cultive fleurs, légumes, fruits... »* (en anglais : *garden*), et depuis la plus haute Antiquité, ainsi que dans la plupart des traditions, ce n'est pas par hasard que son sens s'est étendu au vécu amoureux physique, sentimental, mystique, et est devenu le symbole concret d'un « Moment de Paradis » retrouvé dans le partage émotionnel.

Ce Jardin d'Amour, intime, secret, il faut — **à deux** — le cultiver, l'entretenir, l'embellir, au fil des saisons, pour en faire un délicieux jardin de rêve et non une friche stérile. A chaque couple *son* jardin, car **chaque couple est unique** dans la rencontre de deux sensibilités, deux imaginaires, deux tempéraments, et les quelques conseils de savoir-vivre sexuel développés ci-après n'ont qu'un but : celui d'aider à acquérir une *base* suffisamment claire et saine pour que la vie sentimentale et sexuelle soit la plus épanouie possible et qu'aucune entrave ne gêne l'initiative et l'imaginaire des partenaires.

1. Rencontre

Le petit dieu grec de l'Amour a pour chacun de nous dans son carquois quelques flèches qui nous sont destinées... Alors « hasard » ou pas, « coup de foudre » ou « longue marche », une rencontre est toujours une porte qui s'ouvre sur l'**espoir.**

Espoir de bonheur, d'harmonie, de partage, d'antisolitude... Bref, un monde de projections est investi dans une rencontre et elles sont parfois excessives si l'on est trop imaginatif, romantique « éthéré » et si l'on manque de réalisme. A l'inverse, le merveilleux espoir né d'une rencontre peut être terni, voire détruit, si l'on affiche un cynisme désespérant de blasé revenu de tout (et en fait souvent de pas grand-chose !).

La magie de la rencontre *(photo Houtland, Brugge).*

Il faut vivre une rencontre **sans mémoire**, comme si c'était la première fois, et cela quel que soit son âge, car il s'agit en fait toujours « d'une première », pour prendre un terme d'alpiniste ou d'aventurier.

Ce ne sera qu'au bout de quelques mois que l'on essaiera de faire un peu le point, sentimentalement et sexuellement, afin de voir si l'on continue ensemble et alors seulement amorcer des projets communs. Si l'un des partenaires n'a pas envie de faire évoluer la situation, ce n'est pas très bon signe : il faut *en parler absolument*, et s'il est refusé même d'en parler, alors s'en inquiéter car cela révèle soit un refus de continuer que l'on n'ose pas avouer, soit des blocages psychologiques. Il faudra voir alors s'il s'agit de limitations temporaires (études en cours, chômage, peur de s'engager, etc.), ou d'un sentiment encore trop fragile, ou peut-être même déjà usé, mais dans ce cas dire clairement à son partenaire que la vérité vaut mieux que le silence et que l'on comprend fort bien que Lui ou Elle ait pu se tromper. Si l'on est très attaché, et si d'une façon objective on pense être très bien assortis, il faut alors patienter et peut-être faire intervenir discrètement un ami, un membre de sa famille (mais être *très* prudent). Beaucoup de couples solides disent qu'au début l'un des deux n'était pas très emballé !... En revanche, si l'on prend conscience que trop de divergences apparaissent, que l'amour est tiède et sans partage, que les concessions sont à sens unique, alors il faut se rappeler qu'Éros a encore beaucoup de flèches neuves dans son carquois et que la prochaine fois ce sera mieux, beaucoup mieux, formidable même !

Pour tous les amoureux, jeunes et moins jeunes, la *rencontre* est toujours un merveilleux souvenir et si la date du mariage est souvent oubliée, celle de la première rencontre l'est beaucoup moins et les circonstances, même si elles sont assez banales, font partie des souvenirs inoubliables.

Nous ne pouvons parler ici des mille et une façons dont le Destin accommode les rencontres. Nous mentionnerons seulement le phénomène du « coup de foudre » qui préside quelquefois à certaines d'entre elles et qui, sur le plan sexuel, est un stimulant d'une grande efficacité. Éros, le polisson, a certainement des flèches spéciales pour ce type de rencontre qui embrase les cœurs et les corps. Si cela vous arrive et débouche sur un amour de longue durée, dites-vous bien que les dieux vous ont favorisé. Si l'incendie n'est qu'un feu de paille, et si vous êtes sujet à ce type d'événement, alors chantez comme Brassens « ... *rendez-vous au prochain orage*... », mais après avoir fait poser un paratonnerre sur votre imagination, car un coup de foudre, ça va ; trois, bonjour les dégâts !

2. Éros

Le dieu-enfant, coquin et malicieux, règne en maître sur le Jardin des délices, notamment au travers de l'érotisme dont il est la sublime émanation.

Dans la tradition hindoue, le dieu de l'Amour est Kama (*), et ce grand frère d'Éros est marié à la déesse Rati dont le nom signifie Volupté (aussi coït (*)). La signification est tout à fait claire ici, les deux « fonctions » amour *et* volupté sont indissolublement liées et c'est tellement logique : il n'y a pas d'amour sans volupté et bien sûr plaisir, érotisme (*).

Il faut cependant être réaliste et savoir que l'érotisme ne peut pas être au « top niveau » tous les jours... donc rechercher la qualité dans les rapports sexuels et non la quantité, et savoir que l'érotisme ne se cantonne pas aux pratiques amoureuses intimes. Un regard, un geste (discret), une caresse, un baiser, une parole tendre ou allusive, sont *très* érotiques, dans cette merveilleuse com-

Éros, statue de la roseraie de L'Haÿ-les-Roses *(photo de l'auteur).*

plicité des amoureux qui peuvent ainsi, hors intimité, prolonger ou préparer leurs ébats voluptueux. Il faut y penser et le mettre en pratique dans sa vie.

3. Séduction

Ce phénomène d'attraction s'exerce bien sûr dans les sentiments et rapports amoureux, mais aussi dans les sentiments familiaux et amicaux. La séduction fait donc partie du « Rituel de l'Amour » qui conduit deux êtres à se plaire, à se rechercher, puis à s'aimer, mais elle est tellement complexe qu'elle relève des grands mystères de la vie des humains comme du monde animal. Alors comment bien vivre et assumer, dans ce XXe siècle finissant, ce sortilège éternel ?

Il faut d'abord ne pas perdre de vue que l'on ne séduit jamais quelqu'un définitivement. S'endormir sur ses lauriers passés est une grande naïveté et si un couple souhaite « durer », il faut que les deux parties sachent que la séduction n'est jamais acquise et qu'il faut périodiquement la remettre en question pour en alimenter le « pouvoir ». Car il s'agit bien d'un pouvoir dont on use, rarement ou souvent, suivant le désir de plaire qui est très diversement réparti en chacun et qui s'exerce plus ou moins inconsciemment. La personne dont on dit, par exemple, qu'elle a « du charme » exerce en fait une séduction naturelle et spontanée qui n'a rien à voir avec la séduction calculatrice, intéressée, voire cynique (donjuanisme).

La séduction, dans les mœurs animalières, donne lieu à des rituels variés de mise en condition sexuelle des deux partenaires par le jeu de nombreux « moyens de séduction (*) » : combats des mâles, apparition de parures très colorées (oiseaux, poissons...), démonstrations vocales très diverses (chants des oiseaux, coassements des crapauds, brame du cerf...), danses, offrandes (cailloux, proies...), etc. Il est intéressant de noter que, même chez les animaux ou oiseaux monogames, la « séduction printanière » s'exerce au retour de chaque cycle et donc au profit du même partenaire. C'est une belle leçon pour ceux et celles qui « oublient », années après années, que ce « truc » de la nature est l'une des grandes armes qui permet de lutter contre l'usure des couples par les efforts et la gentillesse d'une reconquête de l'autre dans de mini-fiançailles annuelles.

Cela implique, pour les humains, de tout de même « ne pas en faire moins que les animaux » et donc d'être attentifs afin de prendre conscience, dès le début d'une vie de couple, des blocages, silences, manquements puis, plus tard, du « relâchement » normal et insidieux qui s'y glisse (c'est également vrai en famille et en amitié) :

— Se ré-émerveiller de l'Autre et faire preuve d'attention et de gentillesse, par tous ces petits mots, gestes et compliments qui arrondissent les angles, chassent la grisaille du quotidien et rafraîchissent la relation. **Il faut en prendre l'initiative et surtout ne pas attendre que l'autre commence,** car alors personne ne commence jamais. L'Autre attend peut-être aussi... et dans ces conditions que de temps perdu, gâché, dans l'incompréhension d'une harmonie qui s'effiloche. Lorsque l'on vit cette pratique, on est le plus souvent récompensé par ce que l'on pourrait appeler un « effet boomerang » qui fait que non seulement l'Autre répond à ces sollicitations mais va au-delà ! Cela vaut la peine d'essayer et, même si ce n'est pas à cent pour cent « rentable », c'est plus fructueux qu'on ne le croit généralement.

— Se cultiver, pour soi-même bien sûr, mais aussi pour intéresser l'Autre, lui faire honneur, afin de ne pas tourner en rond dans des routines sclérosantes, et bannir de sa vie les « soirées où l'on n'a rien à se dire » et où la télévision tient finalement lieu de partenaire !

— Soigner son apparence et préserver sa santé. Un proverbe de la Sagesse lyonnaise dit : « *Soigne ta peau, tu la porteras longtemps* (1). » Alors, bien sûr, la soigner et savoir que cet « exté-

1. *La Plaisante Sagesse lyonnaise,* par Catherin Bugnard (Éditions Audin, Lyon).

rieur de nous-même » révèle bien, par son aspect et ses réactions, ce qui ne va pas physiquement, psychiquement, et notamment les excès divers (nourriture, tabac, alcool...), et donc soigner aussi l'*intérieur*.

— Être attentif à sa tenue dans tous les sens du terme et se rappeler que la coquetterie (sauf excès) fait partie de la séduction et que l'on peut suppléer par ce biais à un physique ingrat ou simplement améliorer un physique « moyen ».

— Offrir des petits cadeaux, surtout les « sans raison ». On dit que « *les petits cadeaux entretiennent l'amitié* »... et l'amour donc !

— Avoir le souci de faire plaisir à l'autre, et là aussi force sera de constater que si vous le faites sans ostentation et avec désintéressement, « l'effet boomerang » se produira et incitera l'Autre à rendre la pareille.

*
* *

Ces quelques règles de « savoir séduire » auront obligatoirement des répercussions dans votre savoir-vivre sexuel dont elles sont, à l'image des rituels de la parade nuptiale animalière, simplement les prémices de l'Amour et, répétons-le, ce sont souvent ces petites négligences qui détruisent les couples.

Quant à la séduction sur le plan sexuel, c'est beaucoup de savoir-aimer associé bien sûr au savoir-faire, mais un savoir-faire au moment et de la manière qui conviennent, afin que le désir (*) de l'un pour l'autre soit spontané et fréquent. Désirer veut dire : souhaiter la réalisation, la possession de... ; alors s'impliquer totalement, par l'oubli de soi, l'amour de l'autre, le goût de l'autre et de son corps, pour que se réalise une « montée du désir » qui aboutira à combler les deux partenaires dans ce bain de Jouvence qu'est l'amour partagé, comblé, réussi.

Séduire, c'est désirer et tout mettre en œuvre pour qu'avec volupté « rien ne laisse à désirer ! ».

J'ai orné mon lit de couvertures,
De tapis de fil d'Égypte ;
J'ai parfumé ma couche
De myrrhe, d'aloès et de cinnamome.
Viens, enivrons-nous d'amour jusqu'au matin,
Livrons-nous à la volupté. »

(Ancien Testament, traduction de Louis Second.)

4. Baisers

« Ô baiser ! mystérieux breuvage
Que les lèvres se versent comme des coupes altérées. »
Alfred de Musset *(Confessions d'un Enfant du siècle).*

Nous rappellerons ici ce qui a été dit au paragraphe *l'Avant*, c'est-à-dire que le baiser est trop souvent banal, insignifiant, distrait, alors que les embrassements des amants doivent être voluptueux, passionnés, imaginatifs. Il faut savoir que l'Art du baiser n'est ni inné, ni pratiqué dans toutes les cultures et qu'il convient donc de s'y appliquer.

Prémice des jeux amoureux, le baiser où l'on s'investit totalement et passionnément excite énormément et donne une sorte d'ivresse qui attise le désir. Ce contact des muqueuses labiales et de la cavité buccale avec intromission de la langue est un avant-goût de l'acte sexuel, dont l'initiative et les rôles interchangeables donnent, à Lui ou à Elle, la possibilité de pénétrer ou de se laisser pénétrer. La similitude entre la bouche et le sexe féminin en fait un organe particulièrement érotique, symbole de l'androgyne parfait.

La succion est un réflexe primaire inné, d'alimentation, d'affectivité, de découverte, qui participe des premiers émois sexuels du bébé que nous avons tous été et met en branle un processus émotionnel plus ou moins inconscient qui conditionne admirablement le corps et l'âme pour la suite du « Cycle d'Amour ». L'aspi-

Le Baiser de Rodin (musée Rodin, Paris ; *photo de l'auteur*).

ration en position « active », c'est-à-dire celui ou celle qui saisit la bouche de l'Autre, se fait plus ou moins fortement, sans excès cependant pour ne pas s'étouffer ni gêner la respiration du vis-à-vis, en tétant les lèvres, la langue. Elle, ou Lui, dans le rôle de « receveur » ne reste pas passif et participe aux jeux des langues et des lèvres.

C'est alors un véritable échange de « deux coupes altérées » qui transvasent un mystérieux philtre de bonheur et de plaisir qui se sublimera, ensuite, dans la pénétration et l'absorption vulvaires.

Entre deux échanges de baisers, on peut exprimer quelques mots doux et alterner les caresses manuelles, et les baisers... partout (cou, cheveux, épaules, etc.) et, si l'on est habillé, pratiquer un « effeuillage (*) » entrecoupé de baisers et de caresses...

Ne jamais perdre l'habitude de s'embrasser « en amant » et saisir toutes les occasions de le faire, notamment en dehors de la relation sexuelle. Par exemple, si l'on éprouve une joie, même petite, en vacances devant un beau paysage ou en se baignant, en voiture si l'on a enfin trouvé une place de parking (et non en roulant !), si Monsieur vous trouvez votre compagne jolie et, aussi, si vous avez un souci... Bref, essayer de bien vivre ces embrassements, qui font le lien entre deux rapports sexuels.

En principe, la salive n'a guère de saveur mais tant d'amoureux parlent depuis toujours du « goût des baisers » de l'Aimé(e), alors, fraise, violette, cardamome, à chacun son parfum... Dans différentes traditions la salive est douée de pouvoirs magiques ambivalents : elle unit, dissout ; guérit, corrompt ; adoucit, insulte ; plusieurs mythes l'assimilent au sperme et de nombreux héros sont nés de la salive d'un dieu.

Si les dents sont saines et brossées matin et soir (et à midi, si on le peut), il n'est pas normal d'avoir mauvaise haleine. Consulter un médecin ou (et) un dentiste.

Si Elle ou (et) Lui porte des lunettes... les enlever...

Si « moustache »... Qui a dit « *qu'un baiser sans moustache est un bifteck sans moutarde* » (proverbe italien) ? Certaines les

La vue.

Le toucher.

L'odorat.

L'ouïe.

Tentures de *la Dame à la Licorne* (fin du XVe siècle) *(musée des Thermes et de l'hôtel de Cluny, Paris).*

adorent, d'autres... bof ! Si Elle vous a connu moustachu, et y tient, surtout ne la rasez pas ! Cela fait partie intégrante de vous-même, de votre charme, et c'est peut-être le « détail » qui l'a séduite. Si une envie de la faire pousser vous vient (idem pour la barbe), parlez-lui en, c'est la moindre des choses.

Nous conclurons ce paragraphe « Baisers » par ce bel extrait des *Sonnets* de Louise Labé :

« *Baise m'encor, rebaise-moi et baise*
...
Ainsi mêlant nos baisers, tant heureux,
Jouissons-nous l'un de l'autre à notre aise. »

et rappellerons que si le baiser est un symbole bien concret d'union et d'adhésion mutuelles, il est aussi celui du respect et de l'hommage sans lesquels un couple ne peut durer et vivre harmonieusement.

5. Caresses

Caresser vient de l'italien *carezzare*, qui veut dire chérir... Les caresses sont en effet le langage corporel qui exprime concrètement et si agréablement les sentiments impalpables de l'âme, du cœur, de la pulsion instinctive sexuelle primaire et dont la gestuelle va éveiller et émouvoir les sens, les organes sexuels. Nous sommes d'ailleurs persuadée que cet « éveil » augmente, transforme, intériorise pendant le « Cycle d'amour (*) » et momentanément bien sûr, la réceptivité des cinq sens, ce qui explique ces parfums (odorat), ces saveurs (goût) que l'on découvre chez sa ou son partenaire et qui se nuancent et se différencient d'une personne à une autre. La sensibilité tactile (toucher) est accrue (échanges caresseur/caressé), l'ouïe devient une véritable « écoute » de l'Autre et enfin la vue, stimulus concret important, se traduit par une compréhension, une cognition. On apprend vraiment à se connaître, à s'aimer dans ces échanges subtils et c'est pourquoi les caresses ne doivent être ni négligées, ni bâclées, car leur portée va au-delà du coït et touche

S'étreindre pour mieux se fondre dans une symbiose où tout est possible... (sculpture du XIIe siècle, temple de Kajuraho, Inde ; *photo de l'auteur).*

au vécu profond de l'individu, du couple, et donc de leur environnement familial et social.

Elles sont aussi, comme cela a déjà été dit (paragraphes *l'Avant, la Première fois...*), les prémices **obligatoires** (surtout pour Elle à qui il faut rappeler cette célèbre formule : « *Il n'y a pas de femmes frigides, il n'y a que des maris maladroits* » et l'on pourrait préciser « maladroits » parce que **pressés** ou **trop rapides**) pour aboutir à une relation sexuelle épanouie dans la montée du plaisir réciproque. Les récentes enquêtes montrent comme, hélas ! elles sont de courte durée (10 minutes en moyenne !) ; c'est beaucoup trop peu et très frustrant pour le ou la partenaire qui souhaiterait de plus longues prémices mais n'ose pas en parler, ni en prendre l'initiative. Ce « Rituel de séduction » tellement savoureux est pourtant un trésor à la portée de tous et de toutes. Il faut lui consacrer le temps qu'il mérite et l'élaborer à deux :

« Car j'eusse avec ferveur, baisé ton noble corps,
Et, depuis tes pieds frais jusqu'à tes noires tresses
Déroulé le trésor des profondes caresses. »

Charles Baudelaire *(les Fleurs du Mal).*

L'enlacement est, avec le baiser, le geste naturel, impulsif, de l'attirance, de l'envie de l'autre et, sur les plans familial, amical, celui de montrer l'affection, la joie de voir ou revoir quelqu'un. L'étreinte amoureuse de deux amants est plus possessive et débouche sur l'envie de s'associer, d'étreindre, de « se fondre » dans une symbiose où tout est possible. Dans l'expression *« l'union fait la force »,* la sagesse populaire exprime bien cette force à la fois active et calme qui se synthétise dans cette « rencontre » des corps et des sentiments et il est exact qu'un couple — un vrai — est fort et plus serein face aux événements du monde lorsqu'il vit une harmonie profonde sur un certain nombre de plans et, notamment, le plan sexuel.

Pour les partenaires, baisers et enlacements ouvrent la porte au monde des caresses, dans l'imagination et l'inspiration du moment, et peuvent s'exprimer dans le passif « laisser-faire » ou en actives innovations. Toutes ces prémices adorables, il faut en partager les envies, les initiatives, les découvertes, pour en goûter les saveurs et les sensations.

Tout peut être caressé et il est indispensable d'apprendre ce qui plaît et émeut le plus sa (son) partenaire et aussi ce qui plaît à soi-même. Il ne faut pas hésiter à le demander (tu aimes ?), surtout si c'est une innovation, et Elle ou Lui doit impérativement répondre franchement et guider l'explorateur (trice). Si quelque caresse déplaît, le dire en essayant de savoir pourquoi. Par exemple, cela peut être un attouchement exercé sur une zone sensible au chatouillement (zone variable et quelquefois inattendue d'une personne à l'autre). S'il y a une sensation douloureuse, notamment sur les petites et grandes lèvres, le gland, etc., ce n'est pas normal : soit la caresse est trop brutale, trop « appuyée » (faire alors des essais jusqu'à ce que le bon attouchement puisse être trouvé), soit il s'agit d'un début d'inflammation, surtout si lors de précédentes caresses cela n'avait pas été constaté (dans ce cas, consulter un médecin).

Les zones érogènes se distinguent en :

— **Zones érogènes « primaires »** : sexe, clitoris, gland, seins. Ce sont les zones par l'excitation desquelles se produit l'orgasme.

— **Zones érogènes « secondaires »** : bouche, cou, oreilles, cheveux (cuir chevelu), dos (colonne vertébrale), intérieur des cuisses, creux genou et bras, etc., et tout autre endroit, inattendu parfois, à découvrir chez sa (son) partenaire. Ce sont autant de chemins, d'étapes, au travers desquels se déroulent les prémices du Cycle d'Amour.

Tout caresser donc, avec des mains douces, attentionnées, attentives (et propres !), avec la bouche gourmande et la langue active, avec les seins, le pénis... : **caresser tout le corps avec tout le corps !**

Il faut être très attentif, en se guidant l'un l'autre, à trouver l'intensité, le rythme des attouchements et pratiquer une franchise totale car toute dissimulation, tout malentendu, débouchent fatalement sur des maladresses préjudiciables à la suite de la relation. Une bonne partie de l'expérience des caresses est d'ailleurs à revoir lorsqu'on change de partenaire.

a) Caresses vocales, verbales

La voix et les mots sont des éléments érotiques très importants qui participent au déroulement des prémices par la satisfaction et les sentiments exprimés, l'érotisme suggéré et, au début, par les indications utiles données. Il y a les mots doux, le prénom, murmurés tendrement, les envies que l'on doit exprimer, les changements de caps à indiquer, les phantasmes à partager, les rires et l'humour à ne jamais négliger, et tous ces soupirs, petits cris, ces sonorités chuchotantes et ronronnantes, très personnels qui expriment, ô combien ! le contentement et la jouissance sensorielle, pour aboutir en phase terminale et orgasmique à ces jaillissements vocaux qui expriment merveilleusement l'extase physique. Chacun a son mode d'expression propre, avec plus ou moins d'intensité, de vigueur et, répétons-le pour ceux ou celles qui n'osent pas s'exprimer ainsi, ces « caresses vocales-verbales » sont un stimulus sexuel important pour les partenaires. Elles font d'ailleurs partie des exercices préconisés par les sexologues pour certaines thérapies.

L'expression amoureuse comprend donc tout naturellement la voix, elle-même véhicule du langage et lorsqu'on dit « *parler d'une voix caressante* » cela révèle bien comme cet « organe » peut être assimilé à la réalité de la caresse concrète.

b) Caresses manuelles

L'éventail des caresses prodiguées par la main, cet « Outil des outils », est extrêmement varié. L'exploration du corps par ce type d'attouchements est un véritable voyage dans l'échange et le partage du plaisir donné et reçu par l'excitation tactile.

Il est normal qu'au début d'une relation il y ait une certaine maladresse, mais elle doit rapidement disparaître après quelques conversations et quelques mises au point « techniques ».

Les caresses sont le miel de l'amour et pour atteindre un certain niveau de raffinement, il est absolument nécessaire :

— D'en trouver le temps, et honnêtement on le trouve si on le veut bien, en éliminant, par exemple, les sorties et rencontres sans intérêt et trop fréquentes, la télé, toutes ces « fausses obligations » de plus en plus envahissantes...

— D'avoir de l'imagination et de faire rimer amour avec fête et joie ! Il faut mettre en scène l'acte amoureux chaque fois qu'on le peut, par exemple : dîner au lit, nus, ou déguisés en Romains,

LES ZONES ÉROGÈNES

Zones érogènes primaires :

ELLE

— Vulve (grandes lèvres, petites lèvres, clitoris).
— Seins.

LUI

— Pénis.
— Gland.

Zones érogènes secondaires (pour ELLE et LUI) :

— Bouche.
— Cou.
— Oreilles.
— Cheveux (cuir chevelu).
— Dos (colonne vertébrale de la nuque au coccyx).
— Épaules.
— Reins.
— Intérieur des cuisses.
— Fessiers.
— Tous les « creux » (pliure du genou, creux de l'épaule).
— Plexus solaire.
— Bras.
— Entre-seins.
— Pieds.
— Paume de la main.
— Etc.

... Et tout endroit, parfois inattendu, à découvrir en caressant tout le corps avec tout le corps !

en rāja-rāni hindous, ou en Tahitiens... ou en s'échangeant les vêtements, puis entrecouper la dégustation des plats de la dégustation caressante de votre partenaire... Tout est permis, même finir à deux dans une baignoire remplie de champagne ! C'est évidemment coûteux mais on peut aussi délicieusement se plonger dans un brave et bon bain moussant parfumé et s'y délecter de caresses en buvant une ou deux coupes de champagne. A chacun sa fête, ses envies, ses rêves et il faut savoir que, notamment en amour, il faut toujours **rêver au-dessus de ses moyens !**

Lorsqu'un couple a des enfants, c'est évidemment moins facile, mais rien n'empêche de fantastiques « huis clos » ; il suffit d'y penser et d'**oser** organiser sa vie sexuelle, car c'est plus souvent la timidité (ou des petits restes de pudeur mal placée), plutôt qu'un manque d'imagination, qui freinent ou bloquent le comportement normal de deux êtres sainement amoureux. Les occasions, si on sait bien les saisir, ne manquent pas : congés scolaires, soirées ou week-end chez les grands-parents, cousins, camarades ; les enfants en sont d'ailleurs ravis. Il faut avoir le réflexe de prévoir sa vie sexuelle comme on organise d'autres activités et si l'on profite du départ des « chers mignons » pour refaire les tapisseries, les peintures, ou changer de moquette, penser aussi à cette **chose fragile qu'est un couple** en lui permettant, lui promettant, **un beau moment d'intimité.** Alors changer *aussi* les routines et organiser de véritables « soirées d'amoureux » chaque fois que l'opportunité s'en présente.

Il faut se rappeler que, lorsque c'est possible, il n'y a pas que la chambre à coucher qui soit le lieu des ébats amoureux. Délirez, phantasmez, et sans aller jusqu'à tenter de faire ce que préconisait Pierre Dac dans *Du côté d'ailleurs* : *« Faire l'amour sur une échelle en équilibre à la fenêtre du 6ᵉ étage »,* trouvez des situations, des cadres, insolites, drôles, poétiques, qui coupent la routine du quotidien : un buisson au jardin (s'assurer cependant que les voisins ne seront pas spectateurs !) et d'ailleurs, pourquoi ne pas prévoir un tel « buisson d'amour » dans la conception et les plantations dudit jardin ? Pour les nostalgiques du temps passé,

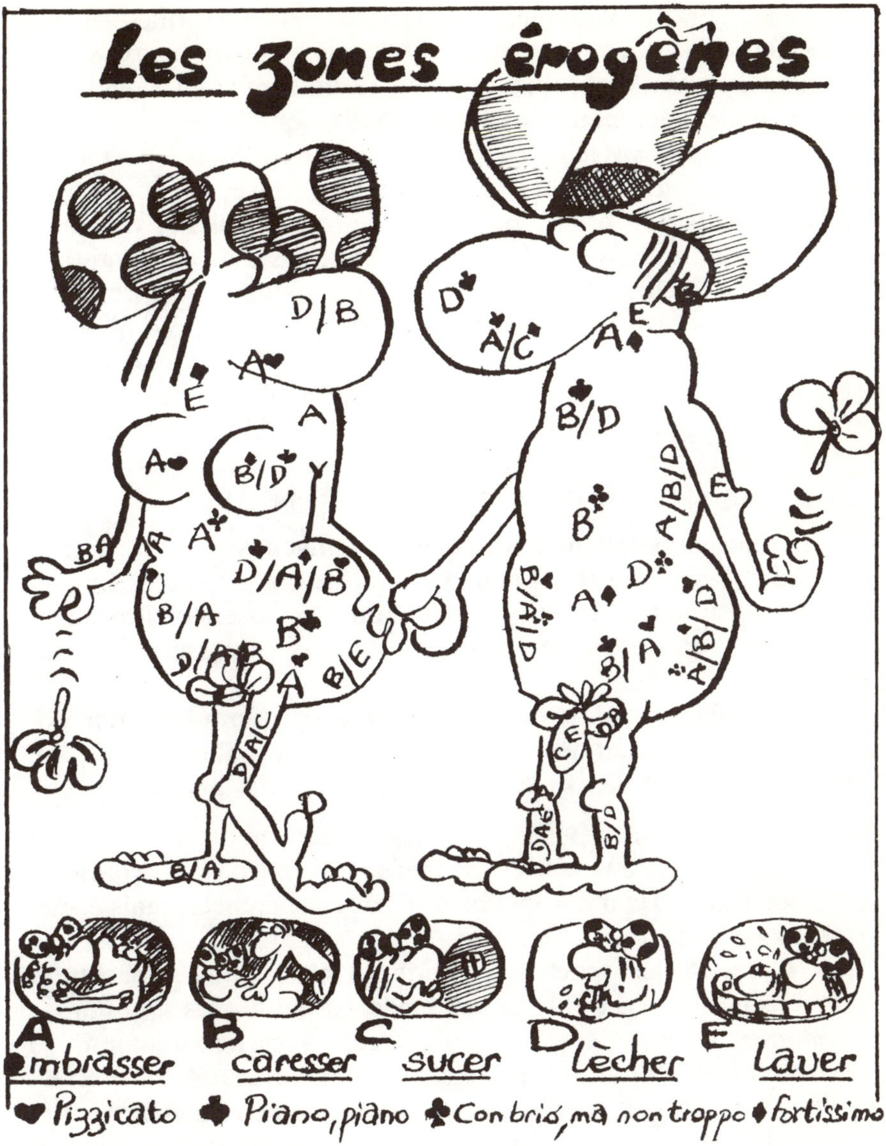

Dessin humoristique extrait du bulletin *la Sexualité autrement* (n° 14, juin 1982, Planning familial des Pays de Loire).

on peut s'ébattre au grenier, ou à la cave près de quelques vénérables bouteilles qui célébreront peut-être un jour un heureux événement ? Pour les fous d'automobile, l'amour en voiture fait beaucoup phantasmer les messieurs, mais attention, si vous vous livrez à des ébats dans votre garage, pas de problème, mais à l'extérieur (et surtout si vous habitez près de grands centres urbains) soyez très prudents, il y a des voyeurs (*) de tous acabits et vos ébats risquent d'être désagréablement troublés. Cela est donc praticable à la campagne et dans des lieux que vous savez être très tranquilles, c'est vrai d'ailleurs également pour les amateurs « d'amour bucolique ». A ce propos, faire l'amour dans la nature enchante beaucoup les dames, dit-on, donc si l'occasion, l'herbe tendre, gentil Cupidon et votre compagne, vous tentent, n'hésitez surtout pas et si l'envie vous tenaille (peut-être depuis des années), il est vivement conseillé d'organiser un « safari-amour (*) ».

Temps prévu, trouvé et imagination inventive sont les grands atouts du renouvellement et de la fantaisie qui pimentent les prémices et font un vécu sexuel épanoui qui s'opposera efficacement à ce grand danger des plus grandes amours : « l'usure des couples ».

Le Voyage au Pays des caresses est une exploration, une promenade libre, spontanée, inspirée, où plus il y a d'amour, de don de soi, plus le voyageur est transporté, comblé, heureux.

Il n'y a pas à privilégier tel type de caresse ou telle zone, ni telle chronologie à respecter. Se méfier au contraire des routines, des habitudes. Tenir compte bien sûr des préférences, mais également des envies.

Éviter de caresser en « discontinu », c'est-à-dire de passer du cou aux cuisses, ou des seins aux pieds, en sautant les zones intermédiaires. Il est préférable de « descendre » (ou de « remonter ») lentement, en s'attardant par endroit, et en bifurquant « d'est en ouest » sans cesser d'effleurer l'épiderme, ou en massant légèrement du bout des doigts ou de la paume de la main.

Les caresses manuelles du **visage**, du **cou**, des **cheveux**, se font par touches légères ; les **épaules**, les **hanches**, les **fessiers**, s'effleurent bien sûr mais se massent aussi plus généreusement ; les **bras**, les **cuisses**, s'étreignent et leur face interne et le creux des pliures se caressent doucement et délicieusement dans un effleurement du bout des doigts, très lentement, du poignet aux aisselles, de la cheville aux fessiers (ou l'inverse) et toutes les directions et figures géométriques sont permises, au gré de sa fantaisie.

Les **seins** se massent, se pétrissent, très délicatement et le bout, extrêmement sensible, peut se caresser de bien des façons : bouts des doigts, plat de la main, etc. ; les seins « répondent » très bien aux caresses lorsqu'ils sont bien durcis et redressés de plaisir. Rappelez-vous qu'ils font partie des zones érogènes primaires et que si l'excitation est trop forte, elle pourra déclencher l'orgasme ; à Elle de prévenir son partenaire : *« Que c'est bon, mais cela va trop vite... »,* et pour indiquer le changement de cap : *« Caresse-moi, le dos, ou les cuisses... »,* etc., ou (et) simplement prendre la main et la guider ailleurs ; c'est souvent ce qui se passe chez un couple bien « rôdé ». Certains hommes apprécient les caresses pectorales et particulièrement les tétons.

L'**abdomen** se caresse du bout des doigts, du plat de la main, en tournant, en massant, les messieurs raffolent du sommet de « l'os » de la hanche, et les dames ne peuvent éviter le pénis dressé, alors tout naturellement le « bichonner » au passage. Le ventre féminin se caresse en louvoyant vers le pubis, et la toison pubienne est une halte bien douce, puis se déplacer, par exemple, en plongeant dans l'entrecuisse. L'abdomen masculin se caresse de la même façon sans négliger la verge ni les doux testicules et l'entrecuisse qui se masse très doucement à pleines mains comme du bout des doigts. Attention, les caresses ne sont pas des chatouilles, et cette zone abdominale y est particulièrement sensible (c'est vrai aussi pour les aisselles, les côtes, le dessous des pieds...). Il faut donc veiller à ce que les attouchements restent dans la « tonique amoureuse » et là aussi c'est le partenaire qui renseignera. On peut cependant aimer, parfois, un interlude « chahut-chatouilles ».

Les caresses de la **verge** et du **gland** doivent être faites avec grande douceur et, comme pour les seins, Lui doit informer sa partenaire de son niveau d'excitation. Le dire, ou simplement diriger la main sur un autre endroit que l'on souhaite faire caresser. Le pénis se caresse « bien en main » par petites pressions ou léger pétrissage des doigts ; c'est vraiment au goût du partenaire. On peut exercer le mouvement masturbatoire de bas en haut et de haut en bas, mais cette caresse fait évoluer très rapidement l'excitation et ne permet pas de prémices de longue durée. A faire comme caresse de début d'approche si Monsieur est un peu endormi ou pas très décidé... Caresser le gland doit être fait avec une grande douceur en suivant bien les indications de son partenaire car cette partie terminale de la verge est très fragile. Au début des caresses, si le gland n'est pas lubrifié, il faut l'humecter de salive (d'où l'intérêt des caresses buccales : voir plus loin) ou d'un peu de vaseline. L'écoulement se fait généralement assez rapidement (variable d'une personne à l'autre) et on peut alors bien caresser, du bout des doigts, d'un doigt, du creux de la main, ou à pleine main, comme Il aime... Il est très excitant, pour Elle, de voir et sentir comment le pénis « répond » bien aux sollicitations caressantes et toute une « conversation » tactilo-érotique délicieuse peut s'échanger entre la main et la verge.

La **vulve** comprend l'ensemble des organes génitaux externes de la femme, c'est-à-dire les **grandes** et **petites lèvres** et le **clitoris.** De grandes caresses manuelles en souplesse peuvent commencer et se poursuivre par des attouchements digitaux des grandes et petites lèvres et, au début, un très léger effleurement du clitoris ou l'introduction du doigt dans l'orifice du vagin. Comme pour le gland se pose ici le problème de la lubrification (temps et écoulement variables d'une personne à l'autre) et l'on peut utiliser soit un peu de vaseline, soit tout simplement la salive. Lorsque la vulve est bien lubrifiée, les caresses du clitoris peuvent se pratiquer de la manière qui plaira à la partenaire et (surtout au début) suivant ses indications car l'orgasme peut être rapidement déclenché. Il faut rappeler que si le clitoris est mal caressé, malmené, il se rétracte et l'excitation retombe. Si, au contraire, il est bien sollicité, il se dresse et se gonfle de plaisir. Ce petit pénis au féminin se termine, comme son homologue masculin, par un minuscule gland extrêmement innervé et qui se trouve « encapuchonné » par la jonc-

Caresser, chérir, le langage de l'âme et du cœur s'exprime dans les caresses.
Sculpture de Rodin : *L'Éternelle Idole* (1889, musée Rodin, Paris ; *photo de l'auteur*).

tion des petites lèvres, c'est dire comme cette miniature d'organe de volupté est à manier avec précaution par Lui et à étudier, ressentir, avec attention par Elle pour arriver à maîtriser la montée du plaisir afin de mener le déclenchement de l'orgasme au moment le plus favorable pour les deux partenaires. Les caresses clitoridiennes sont délicieuses et très appréciées. On peut « panacher », par exemple caresses vulvaires et intromission du doigt dans le vagin, mais à chacun d'improviser suivant l'inspiration du moment.

L'**entrecuisse** est un des hauts lieux de charme des caresses par la proximité des organes sexuels, la douceur de son contact (tendre peau féminine, douce pilosité masculine), qui comble le toucher, les sens des partenaires et s'ouvre à toutes sortes d'attouchements.

Les **pieds** (attention aux chatouilles !) et les **mains** (intérieur, extérieur) sont très sensibles et réceptifs à des contacts subtils qui sont émis et reçus sur tous les plans de la sensibilité.

Les **épaules**, le **dos**, les **reins**, et particulièrement la zone très innervée du **creux de la colonne vertébrale**, sont extrêmement sensibles et réceptifs à tous les attouchements possibles : y laisser glisser ses élans, ses envies, tout ce qui vibre en soi, de toutes les façons et comme Lui, Elle aimera.

Bref, **tout caresser**, avec amour. **Tout donner**, dans la spontanéité gestuelle. **Tout chérir**, puisque caresser en est la manifestation.

Les caresses sont également précieuses lorsque, pour diverses raisons : médicales (maladie, suites opératoires, etc.), manque de temps, en période d'ovulation pour celles qui utilisent une contraception peu fiable, etc., le couple ne peut ou ne veut pas pratiquer le coït. Les caresses des zones érogènes sans pénétration vaginale sont extrêmement agréables, qu'elles soient manuelles ou buccales (voir paragraphe suivant) et sont aussi valables sur le plan des sensations et de la jouissance éprouvées. Il vaut mieux en effet être pleinement satisfait d'une « caresses-partie (*) » qui détendra, comblera les partenaires dans la bonne continuation du vécu sexuel et amoureux, plutôt que d'interrompre, en raison de problèmes temporaires, tout échange affectif et corporel. Faire l'amour n'est pas uniquement lié à la pénétration vaginale, au coït, cela englobe tous les échanges amoureux de toute la géographie corporelle, dans tous les élans sentimentaux et aucune discrimination ne doit être faite parmi les caresses. Si, par exemple, l'un des deux partenaires est gêné par un plâtre de la jambe pendant 40 jours... minimum, il est normal qu'il propose à l'Autre des « caresses-parties » plutôt que de le laisser jeûner. La proposition doit venir de la personne momentanément handicapée car l'Autre, par délicatesse, n'osera probablement pas le demander.

Il faut bien logiquement reconnaître que : « Cent fois une caresses-partie réussie, plutôt qu'un coït bâclé. »

c) Caresses buccales

Grandes prémices de la « Parade nuptiale animalière », ces caresses constituent certainement le plus doux des attouchements, et sont aussi les plus **naturels** au sens vrai du terme. Tout recul, tout dégoût, proviennent de « faux problèmes », de « faux interdits » culturels et moraux, véhiculés par les adeptes des « fausses pudeurs (*) » qui n'ont rien à voir avec la pudeur (*) dans son sens positif.

Ces caresses sont particulièrement douces et excitantes parce qu'elles offrent plus encore de possibilités « caressatoires » que les doigts, même les plus habiles, les plus souples. Le contact est d'une précision extrême dans la chaleur et la moiteur de la rencontre des muqueuses. Toutes les performances et les variétés du baiser, par la succion, la douceur, la lubrification, le jeu exquis des lèvres et de la langue, s'exercent et se diversifient en fonction des organes ainsi caressés. Le toucher, la vue, l'odorat, le goût, l'ouïe même sont sollicités et comblés dans ces contacts qui focalisent l'excitation des partenaires sur un organe, une petite surface, et se diffuse, rayonne et comble tous les sens.

Les caresses buccales du sexe féminin, appelées « cunnilingus (*) », s'abordent, comme pour les caresses manuelles, avec une grande douceur et un minimum d'apprentissage. Elles sont, pour

Lui, extrêmement excitantes dès la vue de l'entrejambe ouvert, offert à la caresse et lèvres à lèvres les embrassements sont d'une grande qualité érotique. Le jeu est varié : léchage, succion, aspiration légère ou plus appuyée, bisous coquins ou profonds, préhension par la bouche des lèvres, du clitoris (que l'on sent durcir et gonfler) ; à chaque imagination d'étendre la gamme des douceurs...

Elle, surtout au début, doit bien guider son partenaire en lui indiquant les meilleures façons de procéder. Si Elle en a envie, au fur et à mesure que l'excitation monte, elle peut répondre aux caresses par un léger mouvement pubien, et bien sûr montrer son plaisir par toutes ces « vocalises » du langage intime des amoureux qui renseignent bien les partenaires sur le plaisir éprouvé. Surtout ne pas « gigoter » car les caresses buccales de la vulve se faisant sur de « petites surfaces » (n'oubliez pas que le clitoris est très petit), cela gênerait le partenaire et donc serait préjudiciable au bon déroulement de la caresse. Si Elle n'aime pas rester inactive, elle peut caresser les cheveux, le cou, du partenaire, ou bien se caresser les seins. Lui caressera manuellement les cuisses, surtout l'intérieur tellement doux et érogène, le pubis, le ventre, les seins... tout ce qui est à portée de mains, mais sans que cela soit fait au détriment de la caresse buccale et de l'observation des réactions de la partenaire. Si l'excitation est en passe de déboucher sur l'orgasme Elle doit le dire, ou simplement le Lui faire comprendre en lui détournant légèrement la tête pour passer à d'autres jeux, sur d'autres lieux, ou bien pour s'occuper à son tour de Lui.

Les caresses de la verge, pour Lui, appelées « fellation (*) », sont adorées des Messieurs et trop d'hommes sont frustrés par le refus ou la mauvaise volonté de leurs partenaires à l'égard de cette merveilleuse caresse. Elles sont pourtant pour les Dames un stimulus visuel érotique important, surtout si la caresse débute lorsque le pénis n'est pas ou à peine en érection. Ce « spectacle érectif » et les réactions du « receveur » sont tout à fait excitants.

Le pénis se caresse de la langue, des lèvres, par préhension de la bouche (attention aux dents...), des doigts, et se parsème de

Caresses buccales (ornement du calice dit « du peintre de Brygos », Musée archéologique de Florence, IVe siècle av. J.-C.).

baisers. Les caresses du gland, si sensible, se font avec une grande douceur (l'intensité est à voir avec le partenaire car cette sensibilité est variable d'une personne à l'autre) et très voluptueusement : lécher, téter, aspirer, sucer en tenant compte des indications et goûts exprimés. Lorsque Lui est très excité, l'instinct le pousse à introduire de plus en plus le pénis dans la bouche de sa partenaire. Pour ne pas être gênée, il suffit de prendre la verge à pleine main et de ne laisser dépasser que le gland ; ainsi les caresses peuvent continuer dans de bonnes conditions et, parallèlement, peuvent s'adjoindre des attouchements des testicules, cuisses, bas-ventre... Lorsque Lui sent l'orgasme très proche, il lui suffit de le dire ou de dégager tendrement la tête de sa partenaire. Il faut noter ici que certaines femmes apprécient l'éjaculation dans la bouche et que d'autres n'aiment pas du tout ; aussi faut-il tenir compte des goûts de la partenaire.

Ces deux types de caresses buccales (cunnilingus et fellation) se conjuguent extraordinairement bien dans une posture amoureuse appelée « 69 ». Le summum du partage sensuel des muqueuses labiales et sexuelles est ici au comble de l'érotisme et, à l'égal du coït, conduit — si on le souhaite — à des orgasmes de très haute qualité. Répétons ici, notamment pour les femmes qui ne peuvent prendre la pilule pour des raisons médicales, que ce type de rela-

Jeux amoureux du Moyen Age hindou (temple de Kajuraho, Inde ; *photo de l'auteur*). On remarquera, à gauche, la position dite du « 69 ».

tion sexuelle est très satisfaisant pour un couple et peut être largement pratiqué pendant la « période à risque » du cycle (souvent calculée largement, à juste titre, par prudence).

Le « 69 » se pratique tête-bêche, l'un couché sur le dos et l'autre plus ou moins « à quatre pattes » pour laisser un écartement suffisant qui permettra aux deux amoureux d'accéder au pénis et à la vulve d'une façon confortable, ou encore allongés côte à côte, tête-bêche, en dégageant bien une jambe afin d'avoir un bon accès aux organes sexuels. Dans ce cas, on peut avoir recours à des coussins ou oreillers pour se caler confortablement. A chaque couple de faire des essais et de choisir, suivant l'anatomie et la souplesse des partenaires, la position qui conviendra le mieux.

Toutes les caresses buccales et manuelles se pratiquent dans cette position et la simultanéité des échanges et du plaisir est très fructueuse.

En général, les caresses buccales s'exercent « où on veut, quand on veut », dans tous les petits creux anatomiques qui sont autant de « nids à baisers » : entre-seins, creux de la main, du coude, plexus solaire... sans oublier l'oreille, que tous les amoureux de tous les temps ne finiront jamais de mordiller, suçoter, bisouiller, léchouiller, car cet organe de l'écoute, par lequel s'effectue la communication auditive, est assimilé dans toutes les traditions à un symbole sexuel directement lié à l'érotisme.

d) Caresses des seins

Les seins, dit-on, « appellent les caresses » et qu'ils soient « boutons de rose » ou « roses épanouies », ils sont pour Lui un stimulus sexuel important et un refuge de douceur et de tendresse. Cette ambivalence fonctionnelle est due bien évidemment aux réminiscences du début de la vie, auxquelles s'ajoutent par la suite tous les phantasmes érotico-esthétiques glanés, suscités, dans l'imaginaire et la vie sociale. Pour Elle, les seins sont une des sources de sensations très douces et très fortes puisqu'elles peuvent aller jusqu'à déclencher l'orgasme.

Qu'ils soient « boutons de rose » ou « rose épanouie », les seins appellent des caresses douces et tendres.

Les seins sont donc à caresser comme Elle aime, sans brusquerie, de mille manières : avec les mains, les doigts, la bouche, le pénis… Le téton érectile est particulièrement sensible aux attouchements et doit être très doucement et voluptueusement caressé.

Sur les plans anatomique et esthétique, il y a une grande variété de formes de seins. Toutes ont leur charme, leur beauté et il est ridicule de faire des complexes si les seins sont menus, trop opulents, ou possèdent de gros ou de petits tétons. Il n'y a pas de forme stéréotypée idéale, et c'est précisément dans cette variété, cette diversité, que réside la beauté du buste. Pour les femmes dont la poitrine a été très abîmée (grossesses, amaigrissement, etc.), la chirurgie esthétique fait réellement des miracles et ce type d'intervention n'est pas un luxe futile, mais bien la solution à de réels problèmes physiques et psychologiques qui peuvent empoisonner la vie d'un couple.

Il faut savoir que, pour certaines femmes, les seins gonflent et sont parfois douloureux quelques jours avant la date des règles. Il faut en parler à son gynécologue et si le contact est trop désagréable, le dire à son partenaire qui évitera les caresses pendant ce laps de temps.

Il est **très important,** et ceci tout au long de la vie, de **palper** (*) **régulièrement les seins** et d'aller immédiatement voir son gynécologue ou son généraliste si on suspecte la moindre « boule ». Il suffit de demander à son médecin comment se pratique cette très simple manipulation et de la faire, par exemple, en se savonnant sous la douche, ce qui facilite le toucher et rend le contact doigts-épiderme très sensible.

Les seins sont vraiment l'un des ornements de charme de la femme mais, de par leur structure anatomique, ils sont fragiles. Il faut donc les traiter avec douceur, les « remuscler » après les grossesses, et savoir qu'un bon soutien-gorge est nécessaire et utile à leur maintien. L'exemple type du « faux-slogan » pour « faux-problème » n'est pas si lointain lorsque certains mouvements contestataires faisaient porter à ce très joli sous-vêtement la responsabilité de « l'aliénation de la femme » ! Heureusement le bon sens est revenu et la lingerie féminine est redevenue très esthétique et les soutiens-gorge beaux et fonctionnels.

e) Caresses du pénis

Lui peut tout caresser avec la verge et notamment, comme cela vient d'être dit, les seins de sa partenaire car de très doux échanges se font entre le gland et le téton durci de plaisir.

Une autre délicieuse caresse, qui peut se pratiquer par Elle ou Lui, est la caresse de la vulve par le pénis. On peut panacher par de plus ou moins profondes introductions vaginales, mais la caresse

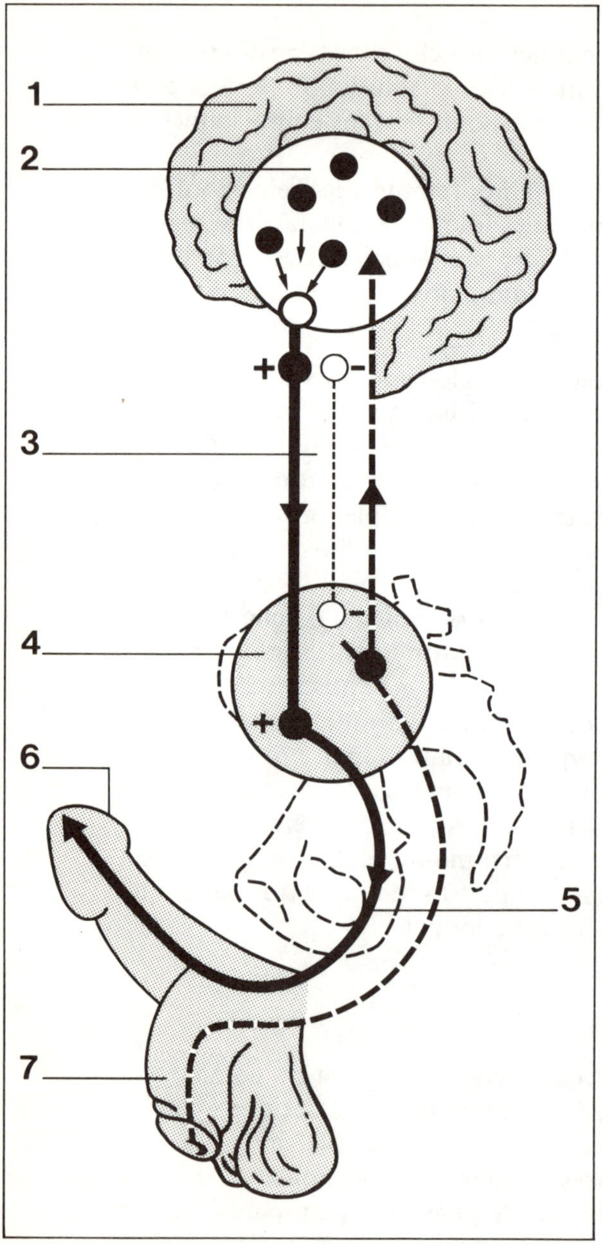

Mécanisme du déclenchement de l'érection.

1 : cerveau (déclencheur du processus).
2 : « poste central de commande ».
3 : cheminement de l'excitation sexuelle.
La réaction déclenchée par le « poste de commande » est renforcée par la réponse positive (+) du cerveau.
Lorsque la réponse à l'excitation est négative (–), l'érection de la verge est supprimée.
L'excitation est transmise par la moelle épinière au cerveau (poste central de commande), où elle est comparée avec des expériences et des événements analogues.
a (flèche descendante) : transmission de la réaction.
b (flèche montante) : transmission de l'excitation.
4 : le « poste de commande » renvoie directement l'excitation au membre, par un processus « réflexe ».
5 : transmission de la réaction.
6 : pénis en érection.
7 : pénis non érigé.

(Dessin de Yannick Mouré.)

des lèvres et du clitoris par le gland sont réciproquement exquises. Si c'est Elle qui tient le pénis, les caresses sont plus précises et peuvent se poursuivre, si on le désire, jusqu'à l'orgasme.

Au pénis d'être imaginatif et de musarder ici et là afin de susciter chez Elle l'envie irrésistible de l'absorption vulvaire et chez Lui de s'immerger en sa partenaire.

L'érection... (vase grec Ve siècle av. J.-C., musée de Palerme, Sicile ; *photo de l'auteur*).

f) Caresses vaginales du pénis

Ces caresses, par contractions vaginales internes, très prisées depuis la haute Antiquité orientale, demandent un petit apprentissage et nécessitent d'avoir acquis une bonne entente sexuelle des partenaires. Lui et Elle doivent en effet se maîtriser parfaitement et bien connaître les réactions de l'Autre, car cet échange se partage à un haut niveau de plaisir et l'orgasme de l'un ou de l'autre peut être rapidement déclenché. Or, dans ce type de caresses, il s'agit surtout de « faire durer le temps de volupté » et donc de faire reculer le plus possible la phase orgasmique terminale. Lorsque les partenaires sont à un niveau d'excitation optimale après le début de coït « normal », Lui ne doit pratiquement plus bouger et Elle exercera alors des contractions vaginales plus ou moins fortes et plus ou moins rythmées suivant l'intensité du plaisir éprouvé. Cette caresse est d'autant plus « irradiante » que l'on contrôle mieux la situation et est extrêmement satisfaisante sur tous les plans. L'orgasme peut alors se produire pendant la caresse ou, après une petite pause, en reprenant le coït actif sans contrôle. A chaque couple de trouver la meilleure position pour qu'Elle puisse exécuter ces caresses vaginales le plus confortablement possible (certaines préfèrent être allongées sur le dos, ou calée avec des oreillers, d'autres allongées sur le partenaire...).

Il faut savoir que quelques échecs ou demi-réussites dans les débuts de cette pratique sont normaux et qu'il faudra persévérer pour profiter pleinement de cette délicieuse caresse, la plus intime peut-être qui, lorsqu'elle est réussie, laisse d'inoubliables souvenirs aux amants. Il est utile au début de s'exercer à ces contractions hors rapport sexuel, mais il semble préférable de le faire dans la position réelle de la pratique. En effet, notamment pour d'autres motifs, les sexologues préconisent cette « gymnastique » un peu dans toutes les circonstances (par exemple, debout en attendant l'autobus !...) ; cela ne peut nuire et permet d'apprendre à maîtriser les contractions du muscle vaginal, mais il faut le faire aussi dans la position choisie pour ce type de caresses car les « automa-

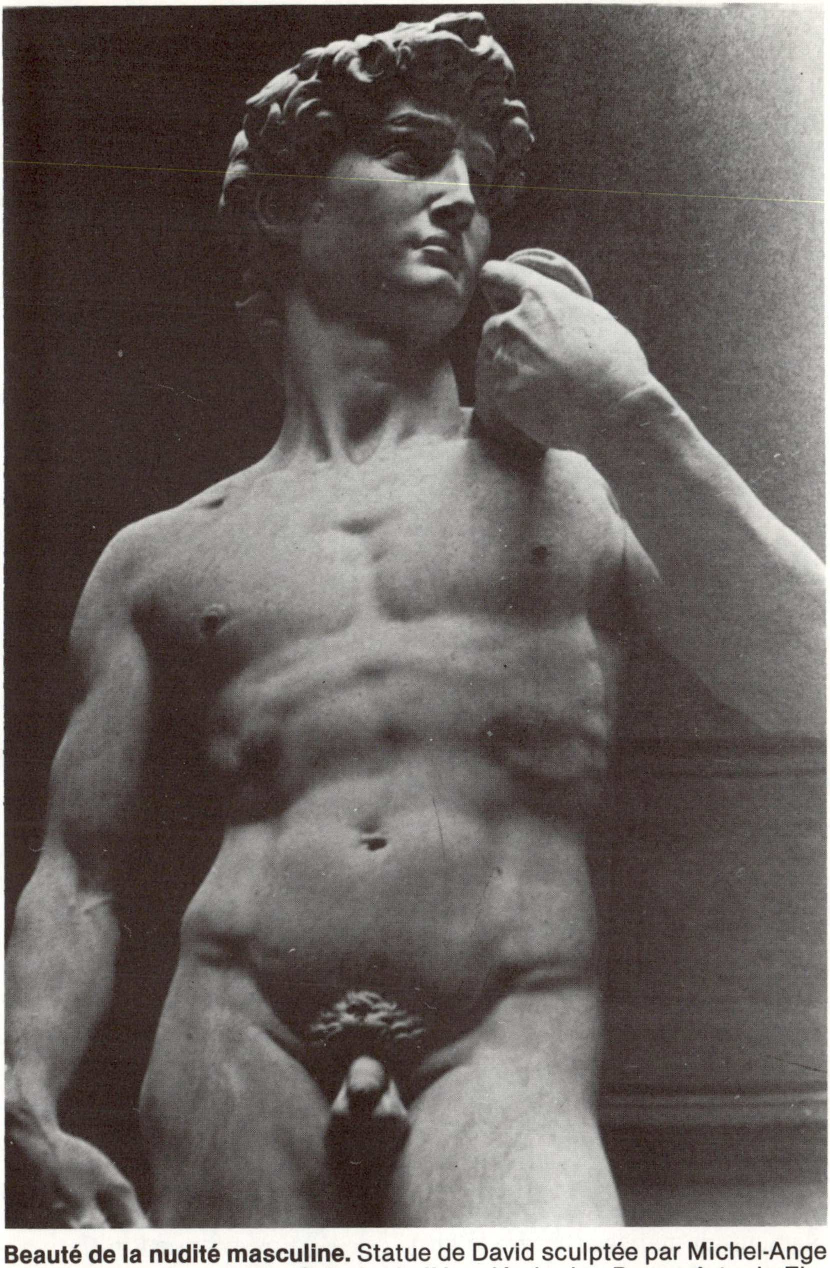

Beauté de la nudité masculine. Statue de David sculptée par Michel-Ange à l'âge de 24 ans (1501). (Galerie de l'Académie des Beaux-Arts de Florence, Italie ; *photo de l'auteur*).

tismes positionnels » sont des facteurs importants qu'il ne faut pas négliger. Tous ceux ou celles qui ont pratiqué le yoga, ou diverses méthodes de relaxation, savent comme le corps reçoit et mémorise des impressions différentes suivant que les mouvements sont exécutés en position debout, couchée... La pratique de ces contractions volontaires et dirigées a été mise au point par le docteur Kegel, célèbre obstétricien américain, et ces exercices simples ont souvent, en quelques semaines, mis fin à bien des ennuis et blocages sexuels féminins. Il faut cependant persévérer, pour bien maîtriser cette pratique, pendant 2 à 3 semaines (par exemple : faire tous les jours 5 à 6 séries de 10 à 50 contractions, en augmentant d'une façon progressive bien sûr : 10, puis 20, puis...).

g) Caresses-tendresse

Elles sont un des registres de la grande gamme des caresses. Les ignorer ou les éliminer de la vie amoureuse est une grande frustration et si l'on n'est pas particulièrement « câlin », il faut faire un effort d'extériorisation, d'ouverture, surtout si l'Autre est d'un tempérament sentimental et affectueux.

Il y a dans ces échanges toute l'expression du don d'amour au sens le plus large du terme et, comme dans le baiser, les caresses-tendresse hors intimité prennent le relais et continuent dans la vie courante la gestuelle amoureuse qui alimente et permet de vivifier le sentiment d'amour.

Un petit geste caressant, attentif, au bon moment, entretient les liens affectueux et une sensualité latente qui nourrissent véritablement le partage sentimental tout simplement parce qu'on sent que l'Autre est là, attentif, aimant, généreux, et que Lui ou Elle n'est pas seulement une présence physique indifférente (trop de couples se plaignent de « solitude » !). Il faut donc **oser** les gestes concrets qui montrent l'attention, la générosité, l'amour tout simplement, et ne pas attendre là aussi que l'Autre prenne l'initiative : il faut soi-même d'abord y veiller et persévérer.

Caresses-tendresse...
(Bibliothèque de l'Université de Heidelberg.)

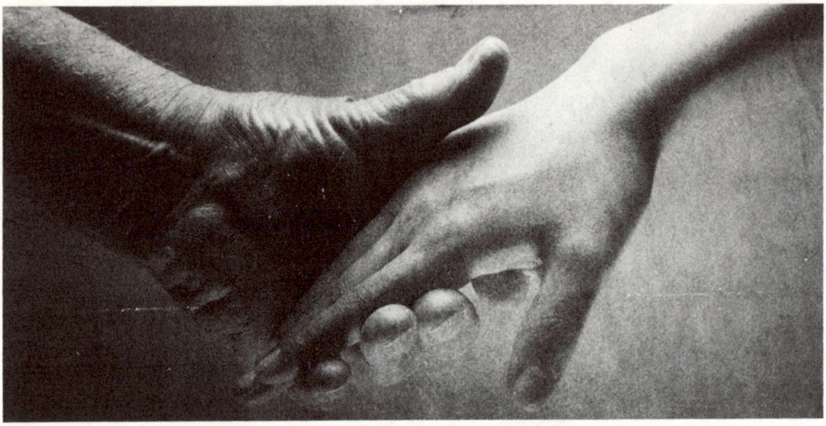

« Pour aller dans l'enfance ancienne
Une main pour tenir la tienne. » (P. Seghers.)

Savoir effleurer l'épiderme, prendre une main, le bras, le cou, les épaules, la taille, sont la gestuelle de l'affection, du réconfort, et si le couple est seul (par exemple en voiture ou en regardant la télé), Elle ou Lui peut poser sa main sur la cuisse de l'Autre. Ce contact main/cuisse est très agréable et maintient un échange sentimentalo-corporel même si l'on parle de tout autre chose.

En famille, entre amis, savoir le geste qui, si le couple est séparé (chacun à un bout de table pendant un interminable dîner, lors d'activités sportives ou autres, etc.), montrera à l'Autre qu'il existe, qu'on le regarde, qu'on le retrouve avec joie. Il n'y a rien de plus triste à observer qu'un couple indifférent, et que dire de ceux, franchement hostiles, qui profitent d'un public pour régler leurs comptes, échanger des réflexions, des jérémiades…

Sur le plan sexuel, les caresses-tendresse concernent, notamment, la période détente qui suit l'amour physique, lorsque l'on savoure ce grand calme en bavardant et que l'on a envie de ces petits attouchements tendres des gestes et des mots. A chacun et à chaque moment ses caresses-tendresse et cela peut être, à ce moment-là, un « *tea for two* », des petits ronrons, un gros dodo ou un échange de massages.

6. Massages

Ce n'est que dans une période récente que la société occidentale a repris la pratique des massages médicaux (sauf à la campagne, où les rebouteux les ont employés comme ils ont pu), sportifs et esthétiques. Pourtant les bienfaits des massages sont connus et pratiqués de longue date, notamment en Chine, en Inde, en Orient et Extrême-Orient. Dans le bassin méditerranéen ils furent très prisés par les Grecs et les Romains, mais ils se dévalorisèrent en Europe après la conquête romaine, à l'instar du thermalisme. Cela est probablement lié à la montée de la « culpabilisation du corps » qui a tant frustré les Européens (surtout après le Moyen Age) et qui, par voie de conséquence, a perturbé la sexualité, et aussi l'hygiène corporelle, de générations d'individus. On ne dénoncera jamais assez combien cette notion de mal, de péché, liée au corps a été stupide et malfaisante car, comme cela a été dit dans l'introduction de ce guide, le vécu corporel et sexuel harmonieux d'un individu, d'un couple, rejaillit sur son environnement et donc la société tout entière.

Heureusement, nous sortons tant bien que mal de cette mare nauséabonde pour la plus grande santé morale et physique de la société (il faut se rappeler qu'il était « de bon ton » il y a seulement quelques décennies, dans les différentes couches sociales d'ailleurs, de ne se laver le sexe que très rarement, pour ne pas toucher cet « endroit » !...).

En Inde, la pratique des massages a sa place dans la médecine traditionnelle ayur-védique plurimillénaire, mais s'étend encore largement au quotidien. Il est, en effet, d'usage dans les familles, par exemple l'après-midi pendant la sieste collective des heures chaudes, de se masser mutuellement (notamment les bébés), et suivant différentes techniques, le dos, les épaules, les membres, la tête, les pieds... bref tout ce qu'il est « convenable » de masser publiquement ; ces contacts manuels sont considérés comme bénéfiques non seulement physiquement et physiologiquement, mais aussi comme un moyen important de « communication » au sens large, à l'égal

LE MASSAGE GÉNÉRAL DU DOS

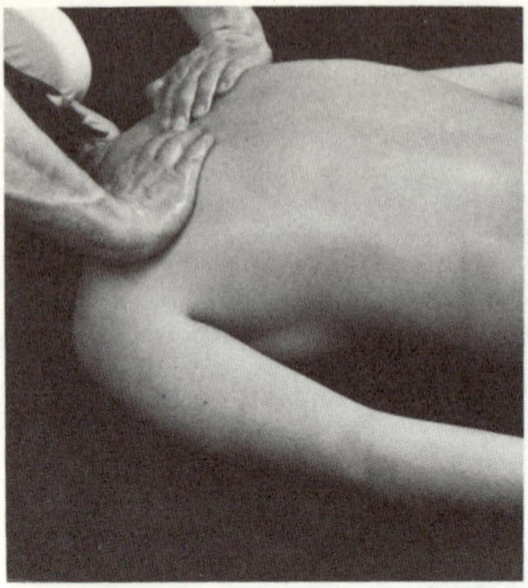

1

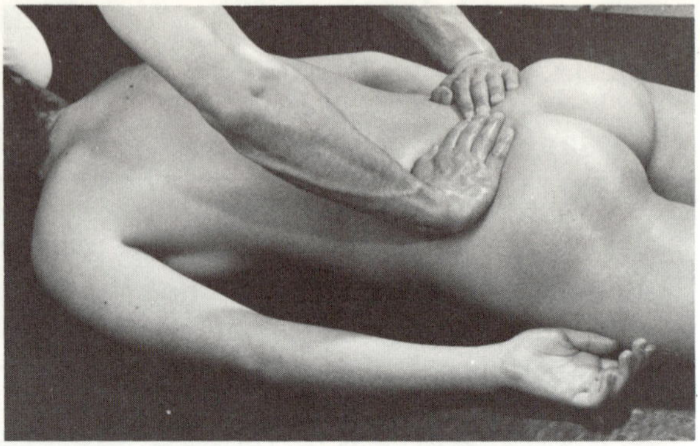

2

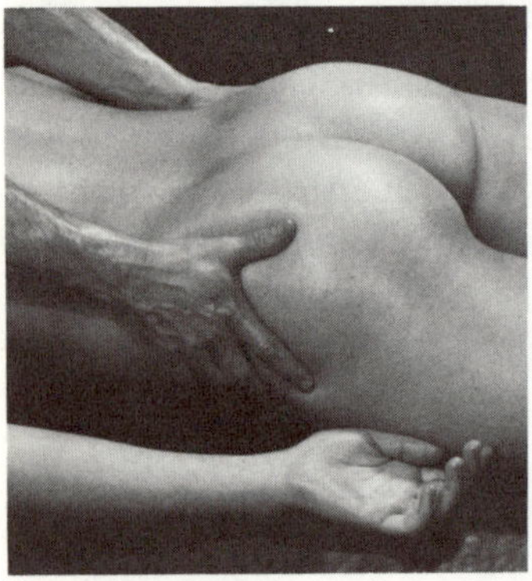

5

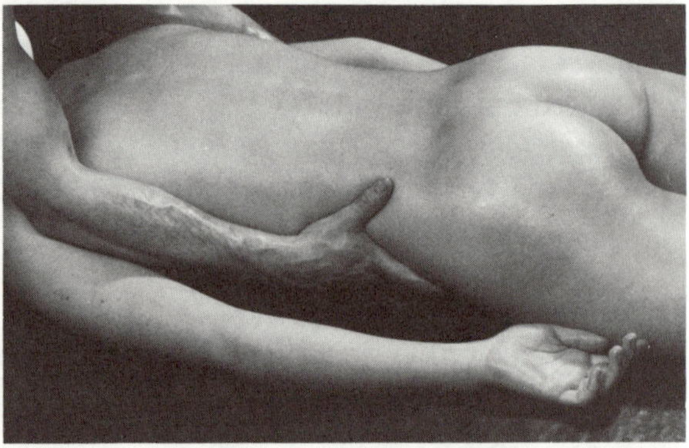

6

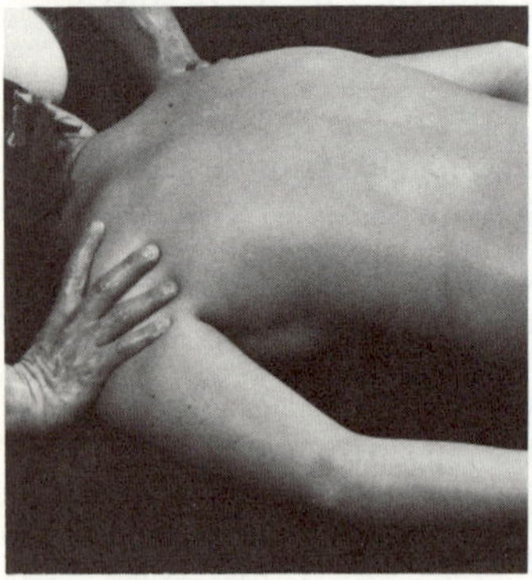

9

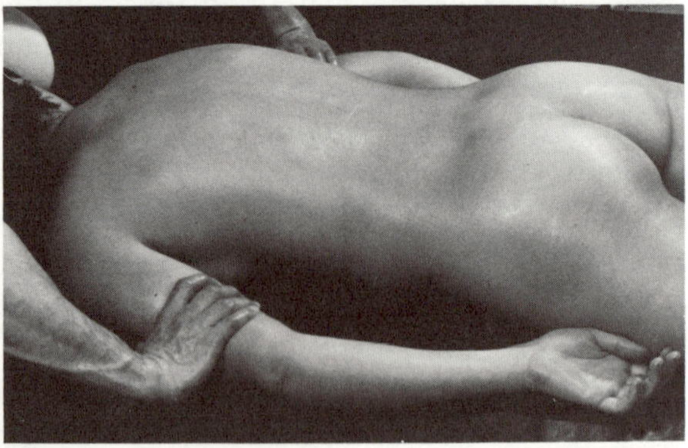

10

Photos 1 et 2 : laissez descendre vos mains bien à plat le long du dos ; dosez votre pression par le balancement de votre corps, plus ou moins en avant.
Photo 3 : marquez bien l'arrondi au niveau des fesses.
Photos 4 et 5 : dans le mouvement de retour, les mains s'engagent le plus possible sous les fesses et les hanches, ainsi que sous le ventre, enveloppant ainsi parfaitement les côtés de la taille et du thorax (souvent oubliés lors des massages).
Photo 6 : les mains, les poignets et les avant-bras participent en contact direct ; le recul de votre corps permet à vos mains le retour plus harmonieux et sans secousses.

LE MASSAGE GÉNÉRAL DU DOS

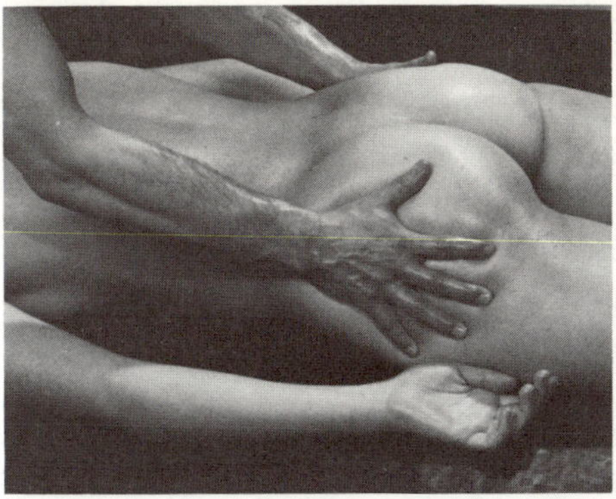
3

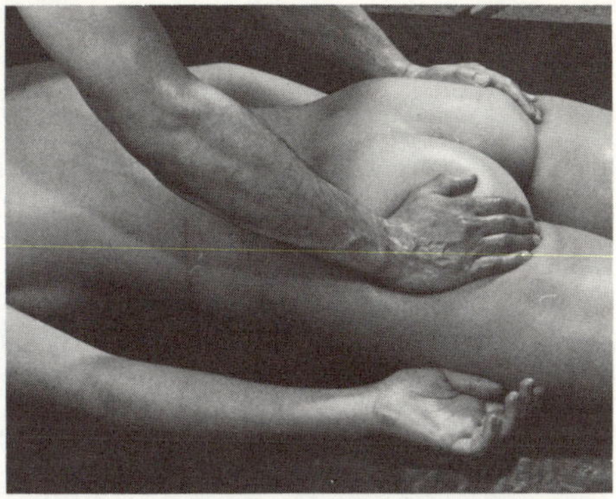
4

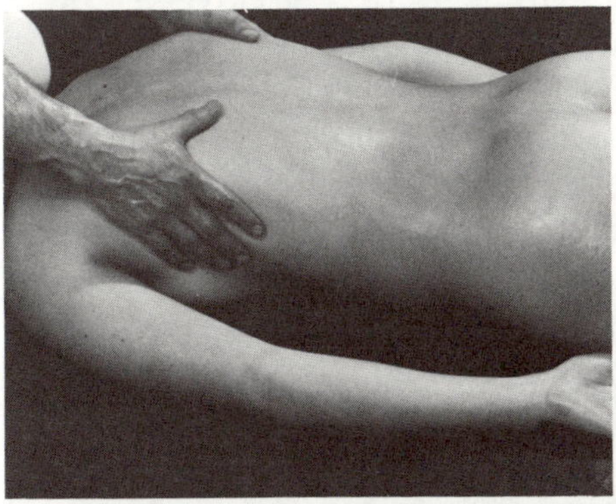
7

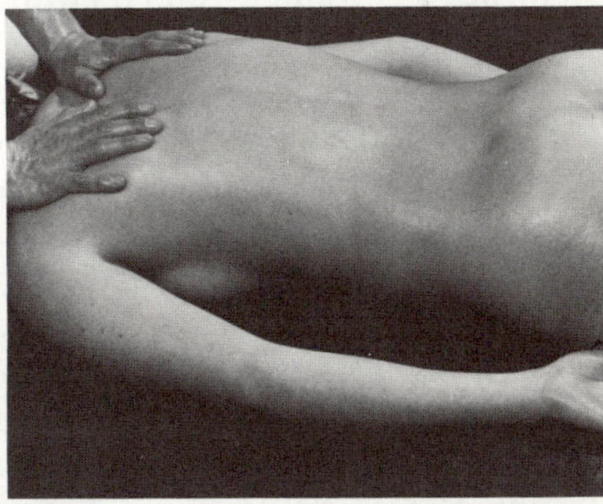
8

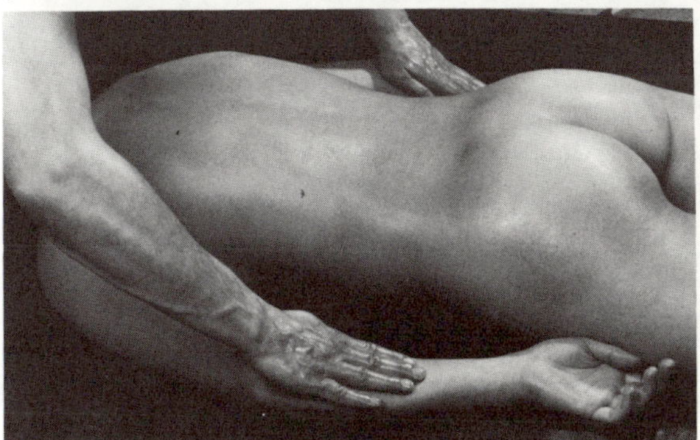
11

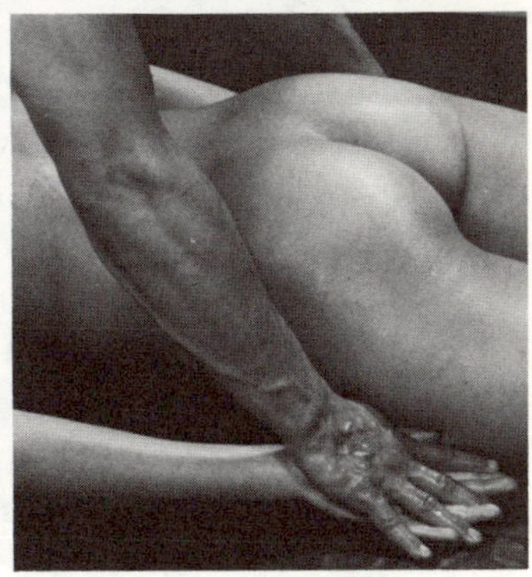
12

Photos 7, 8 et 9 : laissez glisser votre pouce devant le bord supérieur du trapèze pour mieux l'envelopper lors de la descente vers le bras et les épaules. Le deltoïde se trouve alors bien « empoigné » par vos mains.
Photo 10 : descendez fermement sur les dos des bras.
Photo 11 : la même chose sur les avant-bras.
Photo 12 : terminez par les paumes des mains et les doigts, en entrelaçant vos doigts éventuellement.

(Extrait du livre de Joël Savatofski : *Le Massage douceur*, Éditions Dangles.)

de l'échange verbal, entre les membres du cercle familial et amical.

Pour les couples et dans l'intimité, toutes les parties du corps peuvent évidemment être massées avec des huiles odorantes, du talc (ne pas utiliser de lotions alcoolisées desséchantes) ou, s'il y a un problème de santé, avec des huiles ou pommades aromatiques médicinales.

La frontière entre la caresse et le massage est assez floue, surtout dans l'intimité, et cette ambiguïté des attouchements est extrêmement érotique. Alors pourquoi, par inculture, s'en priver ? Les Orientaux, heureusement, ont cultivé cet art qui fait en Occident une percée encore trop modeste.

Les massages se pratiquent de différentes façons : par effleurement des mains, des doigts (légers ou appuyés, rapides ou lents), par pianotage, tapotement, friction, pétrissage, vibration, pression... Mais attention, jamais de gestes brutaux : les massages familiaux et amoureux sont faits pour détendre et non pour créer des tensions. Il faut savoir que l'on doit masser en remontant vers le cœur dans le sens du courant sanguin veineux et en tenant compte également, si Lui a un système pileux très développé, du sens d'implantation des poils. Les massages doux pratiqués ainsi, en toute simplicité, tonifient, assouplissent, activent la circulation du sang, améliorent et augmentent l'irrigation de la peau, des muscles, et détendent merveilleusement les zones innervées, la musculature, où tant de tensions et de fatigue sont accumulées.

Le massage de ce que l'on appelle communément le haut du dos (cou, épaules, région cervicale) est particulièrement bénéfique et chasse bien les crispations, stress, de la vie moderne sédentaire. Le bien-être ressenti est souvent spectaculaire et les couples devraient très souvent se masser mutuellement au moins cette partie du corps, après ou sous la douche, avant de se coucher, ou s'il y a grande fatigue (par exemple, si l'on vient de faire un long parcours en voiture), dès le retour à la maison.

Tout masser, en tenant compte bien sûr des goûts et des besoins de chacun et, puisqu'on est en Occident et que tant d'heures de la vie sont passées devant la télévision, pourquoi ne pas mettre à profit ce temps de passivité, trop souvent peu captivant et mangeur de temps, pour pratiquer en famille, ou en couple, quelques massages défatigants, décontractants, qui préparent bien le corps et l'âme à une bonne nuit de sommeil. Il faut signaler que les massages de la tête, de la nuque et du cou sont très efficaces dans les cas de migraines, nervosité, baisse de moral, insomnies...

Le contact main/épiderme, que la traditionnelle « poignée de mains » symbolise si bien et dont le refus de partage équivaut à une insulte, démontre combien « l'échange » est important dans cette circonstance souvent formelle ; que dire alors des attouchements en des lieux plus intimes et porteurs de sentiments affectifs ou amoureux ? Et puisqu'un kinésithérapeute de génie (1) affirme que *« le massage rend amoureux »,* alors, **Citoyens de tous les pays, massez-vous !** Dans ces contacts, chacun se retrouve et retrouve l'Autre dans la fraîcheur primordiale instinctive de l'attouchement épidermique d'*avant* les blocages et les inhibitions.

« Pour caresser l'odeur des bois
Une main aux cent mille doigts
Pour aller dans l'enfance ancienne
Une main pour tenir la tienne. »

P. Seghers *(Le Cœur volant).*

7. L'imagination

« L'imagination, c'est peut-être ça le bonheur. Quand on en manque, il ne reste que les platitudes de la vie. »

Henri Duvernois *(Un gentleman-farmer).*

Il faut absolument, tout au long de la vie amoureuse, cultiver les facultés d'invention, d'inspiration, de créativité, de raffinement,

1. Joël Savatofski : *Le Massage douceur* (Éditions Dangles).

de fantaisie et de joie qui sont en chaque être humain et que par négligence ou timidité, l'on n'ose faire vivre, prospérer, en les mettant au service de l'Amour.

Sans imagination, il n'y a pas de progrès, de renouvellement dans la vie affective et sexuelle (c'est vrai aussi dans la vie professionnelle, amicale, artistique...) ; alors, la routine génératrice d'ennui s'installe, l'amour dégénère, et Lui et (ou) Elle s'étonnent (!) que leur couple s'effrite ou que l'un des deux finisse par rechercher ailleurs ce qu'il était en droit d'espérer trouver chez l'Autre, que ce soit sur le plan sexuel, sentimental, intellectuel, etc.

Le plan sexuel où nous nous cantonnerons est bien sûr, très important, et si la vie est envahie par les « platitudes » évoquées dans la citation ci-dessus, Elle et Lui s'exposent à de graves problèmes qu'il ne faut pas éluder hypocritement en pratiquant la politique de l'autruche. Il faut plutôt, dès que l'un des partenaires s'aperçoit de manquements, de routines, **en parler, trouver et appliquer,** d'une façon sérieuse et assidue, les remèdes adaptés qui existent toujours si l'on veut bien se donner la peine de les chercher. Il n'est pas inintéressant de formuler les engagements pris en les écrivant : sur un joli papier à lettres, une carte de vœux, ou simplement une carte postale, et de ranger ce document en un endroit secret (pas une oubliette...), dans la chambre du couple, afin que ce rappel permanent et discret invite Elle et Lui à veiller sur leur amour.

Donc, foin des platitudes et prendre l'engagement formel de vivre l'amour sentimental et sexuel dans le renouvellement imaginatif d'un amour actif et vivant où chacun aura à cœur d'apporter, dans toutes les circonstances de la vie et pas seulement dans l'intimité, les initiatives, attentions, inventions bienfaisantes, enrichissantes, amusantes, d'une vraie « fusion relationnelle ».

Que l'un des beaux slogans de mai 68, *« l'Imagination au Pouvoir »,* soit une réalité dans le vécu des couples, puisqu'il semble si difficile à vivre en politique...

*

* *

J'élèverai vers toi la source de mon être et t'ouvrirai ma nuit de femme, plus claire que ta nuit d'homme ; et la grandeur en moi d'aimer t'enseignera peut-être la grâce d'être aimé (Saint-John Perse, *Amers,* La Pléiade). (Peinture de Boris Vallejo : *Angel ;* Éditions Gallery Card, Suisse.)

8. La Mélodie du bonheur

a) Les positions

Dans la pratique, il faut distinguer d'une part les positions dites « d'excitation », qui peuvent ne pas être très confortables puisque pratiquées sur un court laps de temps et qui s'apparentent davantage à la phase « Caresses » ou aux « Jeux érotiques (*) » et, d'autre part, les positions de la Mélodie du bonheur qui demandent un minimum de confort.

Toutes les postures d'excitation peuvent être prises en n'importe quel lieu puisqu'elles constituent en fait des prémices et cela doit être l'occasion de ris, de chahut même, dans cette autre communion qu'est le partage du rire et de la joie (rappelons que Rabelais disait que « *le rire est le propre de l'homme* »).

Si cependant, dans l'une de ces positions l'on se sent particulièrement bien, confortable, on peut avoir envie d'y pratiquer la Mélodie du bonheur et de poursuivre jusqu'au jaillissement orgasmique. Et ce sera à chaque couple de trouver son propre répertoire.

b) Vers l'union

Dans la tradition chinoise du tao (1), le Tong-Hsuan-Tze expose, en quelques phrases délicates et raffinées, la montée du désir et du plaisir au travers des caresses, où « ... *mille charmes se déploient et cent chagrins s'évanouissent...* », dans la préparation de l'âme et du corps à la **communion sexuelle :**

« *L'homme place la femme sur ses genoux. Il caresse doucement sa fine taille et son précieux corps. Tous deux se trouvent dans la même disposition, avec le même ardent désir, ils se murmurent de tendres mots d'admiration d'une voix assourdie. Ils*

1. Jolan Chang : *Le Tao et l'Art d'aimer* (Éditions Calmann-Lévy).

Un exemple de « petite cuillère » (sculpture en cuivre du Viêt-nam).

s'étreignent et s'enlacent, deux corps se complétant, deux bouches se touchant. Il aspire sa lèvre inférieure, elle sa lèvre supérieure. Ils respirent leurs souffles parfumés et boivent le nectar l'un de l'autre. Puis elle lui mordille la lèvre, il retient légèrement sa langue. Il lui prend la tête dans les mains, elle lui lèche l'oreille. Tandis qu'ils se caressent, se touchent, s'aspirent et s'embrassent partout, mille charmes se déploient et cent chagrins s'évanouissent. Elle lui tient sa Tige de Jade, il caresse sa Porte de Jade. Il éprouve ainsi la force de son Yin et sa Tige de Jade en est émue, se dressant telle une falaise solitaire au bord de la mer. La femme éprouve la force de son Yang. Sa Grotte de Corail s'humecte de fluides abondants telle une source silencieuse qui ruisselle le long d'une vallée profonde. Ceci est la réaction spontanée du Yin et du Yang. Maintenant est venu le moment de l'union... »

L'union, qui concrétise l'envie irrésistible et partagée de la pénétration, peut s'effectuer dans différentes positions, au gré des désirs et goûts des amants. Une vingtaine de positions « de base » servent de points de départ à de nombreuses variantes, mais ce sera à chaque couple de trouver celles qui lui conviennent le mieux suivant les envies, les préférences, la morphologie et la souplesse des partenaires, l'imagination, le lieu, l'âge...

Chine, XVIe s.
(Extrait de *Die erotik in China,* Verlag Kurt Desch, Munich.)

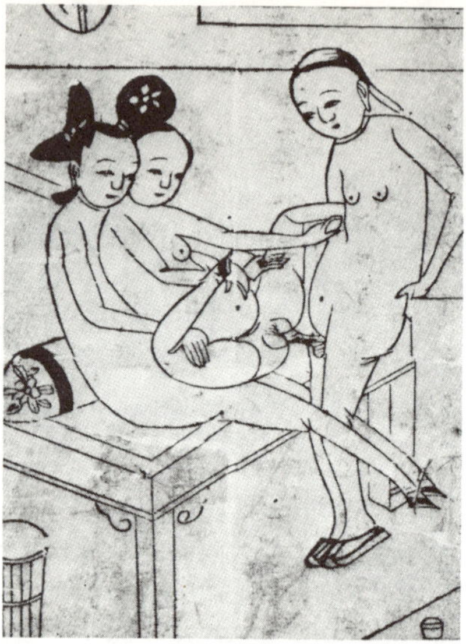

Peinture chinoise sur soie.
(Extrait de *Erotique de la Chine* du Dr Woo Chan Cheng ; J.-J. Pauvert, Paris.)

Les « classiques » estampes chinoises révèlent mille et une manières raffinées de « rendre hommage » à notre compagne.

Il est d'usage, en Inde, d'offrir aux fiancés des manuscrits d'érotologie pratique (Suite manuscrite, Orissa, XIXe siècle ; *photo Jeff Teasdale).*

c) La pénétration

L'union par pénétration du pénis dans la vulve est un très grand moment érotique si on sait s'y attarder et en varier les scénarios. Ici aussi les textes orientaux sont très nombreux sur le sujet et glosent abondamment sur les rythmes, les directions, les différentes profondeurs d'introduction du pénis. Toutes les combinaisons et variantes de ces mouvements sont merveilleusement agréables et permettent d'apprendre à se contrôler, à faire durer le plaisir en marquant des pauses, et évitent que par des mouvements uniformes et routiniers les rapports sexuels deviennent monotones.

Il peut être pratiqué soit une pénétration unique, soit un jeu de pénétrations variées, au gré de l'inspiration et des envies du moment.

Dans cette véritable fusion, où Elle et Lui retrouveront : « *l'Amour qui meut le Soleil et les autres étoiles* » (Dante, *la Divine Comédie* : Le Paradis), chacun devenu l'Autre pourra exprimer de la voix et du geste sa participation active aux modulations vibratoires de la volupté partagée pour que sa résonance s'accroisse en intensité, en durée, car, si le summum du plaisir se concrétise dans le feu d'artifice orgasmique, tout l'érotisme et toutes les qualités de jouissance sont contenus, révélés, dans le partage de la Mélodie du bonheur (*) appelée plus communément « phase plateau ». C'est dire, une fois de plus, comme il faut prendre le temps de savourer, d'animer, de développer, les subtilités de ces échanges qui se situent à un très haut niveau dans la sensibilité et dont il est raisonnable de penser qu'ils expriment et révèlent un « moment » d'Éternité, un morceau de Ciel donné ; ce n'est pas par hasard que le mot extase est employé en sexualité et en mystique.

Ce n'est certainement pas dans un coït de 10 minutes que des échanges de qualité peuvent se développer et combler les amants. Il faut, à deux, apprendre l'Art d'Aimer, comme on apprend les arts musical, pictural, culinaire, etc. Il y a plus d'un siècle, Honoré de Balzac disait « *qu'un amant inexpérimenté ressemblait à un singe essayant de jouer du violon !* ». A notre époque il est inadmissi-

Miniature iranienne sur ivoire du XVIIe siècle (Musée archéologique de Téhéran).

ble et antiérotique que Lui se contente de quelques minutes masturbatoires dans le vagin de sa partenaire, après lui avoir prodigué de vagues caresses, et qu'Elle accepte cette manifestation du pire « machisme ». A Elle aussi d'ailleurs d'être « à la hauteur » dans le partage du savoir-faire, de la compétence et des efforts de son partenaire.

Un mot de la pénétration anale, appelée sodomie, que certains couples pratiquent. Elle peut au bout d'un certain temps être la cause d'ennuis (fistules anales, hémorroïdes, relâchement des sphincters...) car le rectum n'a pas la souplesse ni la résistance du vagin.

d) Le Missionnaire et ses variations

Très pratiquée depuis des millénaires, mais toujours au hit-parade de la Mélodie du bonheur, la position « du missionnaire » et ses variantes ne cessent d'apporter joie et plaisir aux amants ; cette permanence dans le temps et au travers de tous les bouleversements socio-psycho-politico-religio-...-culturels du monde est un étonnant label de qualité et les « touche-à-tout-n'invente rien » qui l'ont tournée en dérision il y a quelques années, ne lui ont porté ni coup fatal, ni même une égratignure.

Heureusement car, notamment pour les débutants, les fatigués, les malades, les moins jeunes... qui aiment faire l'amour, elle offre des positions confortables, permettant un jeu de caresses très étendu. Bref, et quoi que l'on ait médit, quelle belle mission accomplit ce « missionnaire » pour le plus grand bien des humains et de l'amour.

Le « missionnaire » est une position symétrique allongée, spontanée, face à face, Lui ou Elle sur le (la) partenaire ; l'intromission vaginale s'y pratique aisément et la Mélodie du bonheur s'y déroule sans contraintes physiques dans un très grand confort. Si, par exemple, Elle est allongée sur le dos et souhaite passer dans la position supérieure « active », il est aisé de pratiquer un « retournement ».

Un certain nombre de postures en découlent qui permettent de passer de l'une à l'autre, le pénis restant en pénétration vulvaire, et assurant une bonne continuité voluptueuse, ou en pratiquant un retrait complet de la verge pour permettre aux partenaires, si besoin est, de marquer un léger temps de pause pour mieux « jouer les prolongations ».

Les variantes du missionnaire se prennent très spontanément et chaque couple trouvera son propre répertoire. Les quelques positions énumérées ci-après ne sont que le canevas qui permettra aux amants de broder, au fil des jours et des saisons, toute la beauté et la joie du partage amoureux.

— Elle s'allonge sur Lui en resserrant les jambes entre celles de son partenaire.

— Lui ou Elle, semi-allongé, en repliant une jambe et en la mettant à l'extérieur de celle du partenaire, fait ainsi porter le poids de son corps sur le genou. Cette position est très utile lorsqu'il y a une grande différence de poids entre les amoureux.

— Lui, semi-assis ou assis ; Elle, assise en face à face, peut écarter les jambes les pieds posés à plat sur le lit ou les lever et les poser sur les épaules de son partenaire.

— Latéralement et face à face, en repliant une jambe et, si besoin est, en calant l'un ou l'autre des partenaires avec oreillers ou coussins.

— Position latérale, Elle lui tournant le dos, bien « en rond » et bien lovée contre son partenaire pour une pénétration arrière : c'est la « petite cuillère ».

Les positions « à califourchon » constituent des variantes très agréables et sont également prises très spontanément :

— Elle à califourchon, Lui sur le dos, les genoux amenés et repliés formant dosseret, ou jambes allongées (voir zodiaque amoureux : Verseau).

— Elle, à califourchon, penchée en avant, ou jambes allongées.

— Elle, assise, penchée en arrière, allongée sur les jambes de son partenaire.

On peut évidemment varier ces positions à l'infini en les transposant de la position latérale couchée aux positions assise, debout, semi-penchée, dans la diversité des circonstances, des lieux, dans toutes les variétés posturales des membres (enlacements bras, jambes, écartements variés...), des points d'appuis (buste, épaules, taille, fessiers, cuisses...) ; voir les 12 positions du zodiaque amoureux.

Pour ne pas alourdir ce paragraphe par des descriptions fastidieuses, le plus simple est d'avoir recours aux albums de photos des positions, plus compréhensibles et suggestives que de longs discours. Il est utile et pas du tout ridicule ni malsain de s'en procurer un, ou plus (voir *Bibliographie*)...

Disons encore aux jeunes amants que le bon déroulement de la Mélodie du bonheur, ou « phase plateau », ne se maîtrise pas en quelques rapports, mais se joue de gammes en gammes, dans la répétition, la persévérance, les mises au point, que tout artiste connaît bien et que toute activité, si humble soit-elle, requiert.

Suggérons simplement de commencer par les variations sur le thème du « missionnaire », puis de laisser les deux imaginations créer leur propre monde vibratoire, kiosque à musique du Jardin des délices où se jouent en duo le devenir sensible, la croissance, l'évolution de chaque partenaire.

Quelques positions à pratiquer quel que soit son signe... (Planche *le Zodiaque amoureux,* Dorchy-Caplain Éditeur, 76510 Saint-Nicolas-d'Aliermont.)

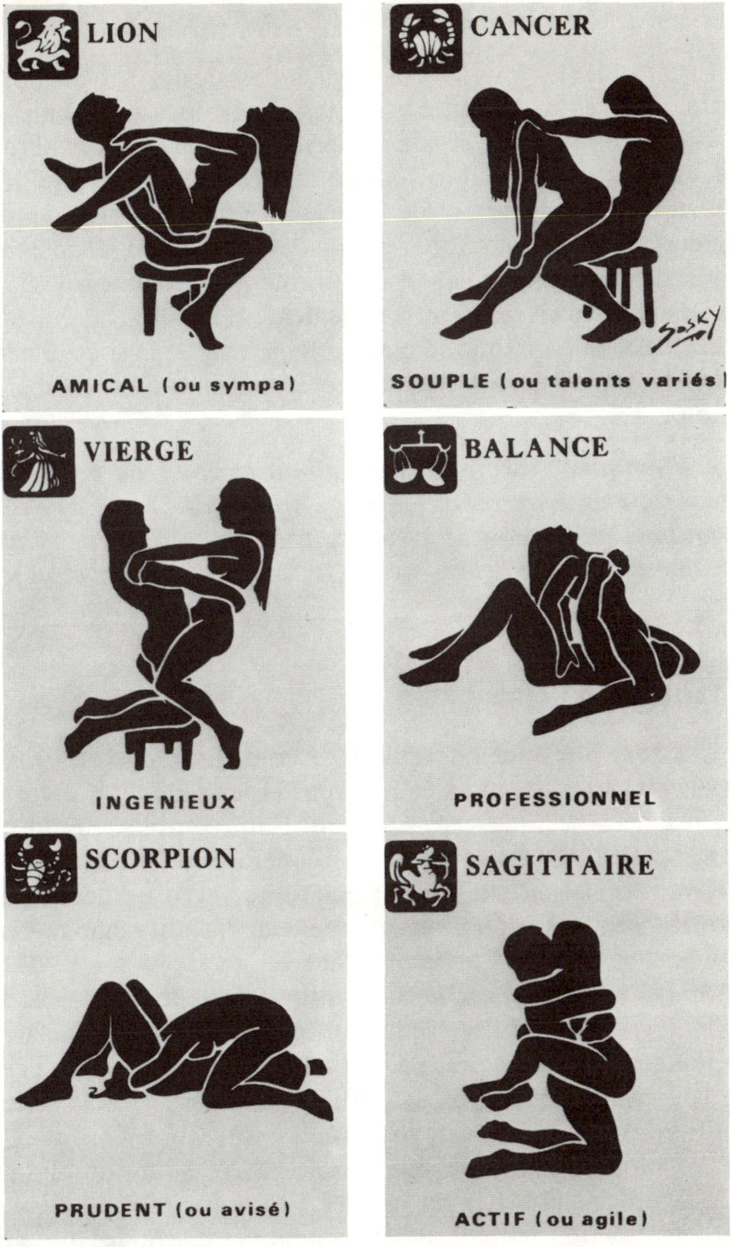

Quelques positions à pratiquer quel que soit son signe... (Planche *le Zodiaque amoureux,* Dorchy-Caplain Éditeur, 76510 Saint-Nicolas-d'Aliermont.)

En Occident, nous vivons depuis des siècles sur un préjugé néfaste qui a séparé l'âme et le corps, en dévalorisant et culpabilisant la sexualité au travers de ce dernier et l'on observe actuellement, par réaction, la glorification du corps et l'oubli de l'âme. Les textes hindous traitant de la sexualité disent simplement que tout acte est prière, offrande, et que l'Art d'Aimer, dans la communion de deux sensibilités, est véritablement un **acte sacré**, d'où la nécessité de le vivre harmonieusement. Il n'est pas déraisonnable de penser que lorsque ce plan sera bien vécu, la société perdra une bonne partie de son agressivité et deviendra elle-même plus harmonieuse.

« *L'amour, c'est l'occasion de mûrir, de prendre forme, de devenir soi-même un monde, pour l'amour de l'être aimé. C'est une haute exigence, une ambition sans limite, qui fait de celui qui aime un élu qu'appelle le large.* » (R.M. Rilke, *Lettre à un jeune poète.*)

e) Maîtrise de l'éjaculation

L'amour physique bien fait, bien compris, dans le partage de l'amour sentimental, aide les hommes et les femmes à vivre harmonieusement et nous savons aujourd'hui combien Freud avait raison lorsqu'il affirmait que la santé mentale est étroitement liée à une *vie sexuelle satisfaisante* et que toute névrose s'accompagne de conflit sexuel. Soulignons à nouveau qu'un échange sexuel « satisfaisant » ne se trouve pas dans un « fast love » ni dans le libertinage, mais se cherche et s'acquiert dans le pas à pas de la découverte, de la maîtrise, de la montée qualitative du plaisir, qui seul épanouit les partenaires par la richesse et l'harmonie des vibrations sollicitées, émises, reçues, fortifiées. C'est dans le contrôle et le développement de cette « Mélodie » que toutes ces richesses sont redéployées et que les âmes et les corps sont comblés.

Il faut donc absolument arriver à cette *maîtrise de l'éjaculation* et, fort heureusement, il existe quelques méthodes qui aident à surmonter cette difficulté inhérente à la condition masculine.

Un texte du tao, écrit par Wou-Hien (dynastie des Han, – 200 av. J.-C., + 200 apr. J.-C.), avait déjà bien formulé et compris la différence essentielle qui existe entre les « tempéraments » masculin et féminin, et ce texte est tout à fait d'actualité pour comprendre ce qui est à l'origine de tant de conflits dans le vécu sexuel des couples de notre temps :

Le masculin appartient au Yang (1).
La particularité du Yang est d'être aisément excité
Mais il bat aussi facilement en retraite.
Le féminin appartient au Yin (1).
La particularité du Yin est d'être lent à s'exciter
Mais il est lent aussi à être rassasié.

La méthode de compression mise au point par Masters et Johnson *(les Mésententes sexuelles)* consiste, lorsque Lui sent que l'éjaculation est proche de se produire, à dégager rapidement le pénis et à presser la couronne du gland avec les doigts pendant 3 à 5 secondes. Généralement l'érection décroît de 10 à 30 % et il vaut mieux attendre 30 secondes ou un peu plus pour pénétrer à nouveau sa partenaire. Cela peut se renouveler autant de fois qu'on le souhaite et l'on met à profit ces courts interludes pour échanger des caresses, des embrassements, des mots doux.

Cette compression est peut-être plus aisée à exécuter par Elle, en position supérieure, lorsque Lui le demande et de toute façon, quelle que soit la position des partenaires, la réintroduction du pénis sera plus aisément faite par Elle, qui pourra en profiter pour caresser au passage son clitoris, si besoin est ou si elle en éprouve l'envie.

Une autre méthode de compression, que les Orientaux pratiquent de longue date, consiste tout simplement à ce que Lui exerce une pression, pendant 4 ou 5 secondes, sur un point situé entre

1. Le Yin et le Yang expriment la dualité de l'univers temporel en deux polarités indissociables qui s'opposent, s'attirent, se complètent : homme/femme, actif/passif, aurore/crépuscule, blanc/noir, ciel/terre. Ces deux éléments n'existent que l'un par rapport à l'autre et sont inséparables de l'art de bien vivre ici-bas qui consiste à essayer d'avoir un vécu le plus harmonieux possible dans ce duel permanent.

1

2

3

1 : peinture japonaise du début du XIXe siècle (bibliothèque de l'Université d'Indiana, U.S.A.).
2 : peinture sur soie de l'époque K'ang-hi (1662-1722) (collection C.T. Loo, Paris).
3 : peinture japonaise du XVIIe siècle (bibliothèque de l'Université d'Indiana, U.S.A.).

le scrotum et l'anus, en se servant de l'index et du majeur, et en inspirant profondément.

Cette méthode simple et très efficace permet de rester en pénétration et donc élimine l'inconvénient de la repénétration vulvaire de la verge lorsqu'elle est moins raidie. Elle est également pratique car Lui règle ainsi, vite et bien, lui-même, la montée de sa pulsion.

De toute façon, c'est à chaque couple de choisir la méthode qui lui convient, de s'y exercer et de persévérer, car une période de « mise au point » est inévitable. Mais au bout du chemin, quelle récompense ! Et nous conclurons avec Montaigne (1533-1592) : *« Les plaisirs de l'amour sont selon moi les seuls vrais plaisirs de la vie corporelle. »*

f) L'orgasme

La phase orgasmique souhaitée par les partenaires (ou survenue d'une façon incontrôlée pour l'un des deux) est la merveilleuse conclusion du partage voluptueux de la Mélodie du bonheur.

Peu importe si l'on termine ensemble ou séparément ; il faut dire et répéter que **l'orgasme conjoint n'est pas une obligation** ni une réalité dans la vie sexuelle de bien des couples et que cela n'altère en rien la qualité d'un coït. Yves Margueritte, dans son très beau livre *les Secrets de l'entente sexuelle* (1), dénonce bien ce qu'il appelle le « *mythe de l'orgasme simultané* ». Bien sûr, cela arrive, souvent même pour certains partenaires, mais pour les autres (et notamment les jeunes couples ou lorsque l'un des deux partenaires est fatigué) il faut qu'ils sachent que cette simultanéité n'est pas évidente **ni un but en soi** ; le « premier arrivé » continuera simplement à s'occuper de l'Autre qui, souvent d'ailleurs, suit à quelques secondes ou minutes.

Si Lui est le « premier », il pourra soit rester en Elle si son pénis ne se rétracte pas trop vite (variable d'une personne à l'autre),

1. Le Livre de Poche, n° 7874 (p. 148).

Peinture chinoise, fin de l'époque des Yuan (1280-1367) (collection J.-P. Dubosc, Paris).

---

soit la caresser (caresses vulve-clitoris ou panachage avec introduction digitale vulvaire, ou caresses buccales...).

Si Elle est arrivée la « première », soit Lui reste en Elle (certaines femmes adorent, d'autres pas du tout), soit elle lui prodiguera caresses manuelles ou buccales jusqu'à l'éjaculation.

Trop de couples obsédés par cette recherche de l'orgasme simultané finissent par créer des blocages chez l'un ou chez l'autre, quand ce n'est pas carrément une source de conflits. Enfin, nombre de femmes dégoûtées d'être « en retard » et laissées sur leur faim, finissent par simuler un orgasme simultané, ce qui est très frustrant et très préjudiciable pour l'entente et l'harmonie du couple.

9. L'homosexualité

Il n'est pas du propos de ce livre d'analyser les raisons qui motivent une femme ou un homme à devenir homosexuel.

Nous nous bornerons à constater la pérennité depuis l'Antiquité de ce comportement et à noter que si l'homosexualité masculine dans l'histoire est plus connue (Grecs, « mignons » de Henry III...) et a souvent donné lieu en Occident à des réprobations, des condamnations, en revanche, l'homosexualité féminine, plus pratiquée qu'on ne le croit généralement, n'a jamais déclenché de telles réactions tant en Occident qu'en Orient. A notre époque et dans la société occidentale, une nette remontée de l'homosexualité masculine et féminine s'est surtout développée depuis une trentaine d'années, parallèlement à l'hétérosexualité.

Quels que soient les motifs et circonstances qui conduisent un être à prendre cette décision, disons simplement que si ces raisons sont enrichissantes et épanouissantes dans un amour vrai et une relation harmonieuse (le couple Jean Cocteau-Jean Marais par exemple), ce choix, entre adultes, est de la responsabilité du couple et de lui seul. Tout ce qui est dit sur le partage sexuel dans les présentes pages est valable au niveau du partage et du savoir-vivre amoureux.

Dans une relation femme-femme, il faut dire que le couple passe davantage « inaperçu » et sur le plan physique les rapports ne posent aucun problème.

Dans la relation homme-homme, le couple est plus ou moins bien accepté suivant les milieux social, professionnel ou culturel où il évolue. Il faut savoir que l'on peut, sur le plan professionnel ou familial, risquer de perdre sa situation ou de créer des tensions graves si l'on ne peut ou ne veut pas vivre une liaison discrète.

Sur le plan physique outre, entre autres, le sida dont on parle beaucoup en ce moment, il faut savoir que la pénétration anale fragilise les tissus (fissures anales, hémorroïdes, relâchement des sphincters avec incontinence fécale).

Nous répéterons simplement ici ce qui a été dit au paragraphe l'*Avant*, c'est-à-dire que le choix d'une ou plusieurs expériences homosexuelles, pendant une période plus ou moins longue de la vie et à n'importe quel âge, n'engage pas définitivement l'avenir sexuel. **Chaque être est libre dans ses choix et dans ses renoncements.**

10. L'hygiène

Le mot hygiène vient du grec « hygiainein », qui signifie « se bien porter ». C'est dire comme la propreté est liée à la santé et combien l'hygiène individuelle et collective a été, conjointement à la vaccination et à une bonne nutrition, l'un des facteurs importants qui a permis la quasi-disparition des grandes maladies épidémiques en Occident. Mais il faut bien dire que si la pratique de la propreté est innée chez les animaux, elle n'est pas si aisée à inculquer chez les jeunes humains ; les parents le savent bien ! Nous observons malheureusement depuis quelques années une dégradation dans ce domaine, et cela est très préjudiciable pour la santé et le bien-être de tous (retour des poux et de certaines maladies de la peau et du cuir chevelu, souillure des lieux publics par l'urine et les matières fécales : métro, parking, rues... et tout simplement paresse, non-respect de soi-même et des autres chez certains individus jeunes et moins jeunes).

Dans la vie sexuelle et sur le plan de la simple **propreté corporelle personnelle,** le minimum de respect envers l'autre commence par l'observation d'une rigoureuse hygiène individuelle :

— Avant les rapports, il est préférable de se doucher, pour se sentir tout neuf, tout beau, « *lavé de la vie pour l'oubli de l'amour* ». Dents brossées, parfumé (attention, il est préférable de veiller à ce qu'Il ou Elle apprécie le parfum utilisé, sinon en changer), afin que les prémices puissent se dérouler sans gêne, ni complexe. L'odorat féminin est extrêmement subtil et pour pratiquer par exemple une fellation dans de bonnes conditions, le gland doit être parfaitement débarrassé des odeurs de sécrétions dégradées. Pour ceux qui transpirent beaucoup des aisselles et des pieds, il existe en pharmacie d'excellents produits très efficaces qui neutralisent bien l'excès de sudation et les odeurs gênantes.

— Pendant l'acte sexuel, les odeurs qui s'exhalent alors sont extrêmement agréables, excitantes, et participent de l'**union** des substances et des odeurs dans cette formidable communion des corps et des âmes.

— Après, au bout d'un laps de temps, les odeurs se dégradent au contact de l'air et peuvent alors devenir gênantes. Il est donc préférable de se laver, mais sans courir à la salle de bains au bout de quelques minutes car il ne faut pas tomber dans l'exagération et gâcher ainsi la merveilleuse détente des corps apaisés de l'après-amour, qui est la dernière phase du Cycle d'Amour, dite « phase de résolution ».

Sur le plan de *l'hygiène individuelle et collective*, l'augmentation très rapide, ces récentes années, de la propagation des maladies sexuellement transmissibles (M.S.T.), est très inquiétante et nécessite que **chacun se sente personnellement concerné** par ce problème et soit très vigilant dans le choix du partenaire.

Pour les couples réguliers qui se connaissent bien et ne « papillonnent » pas, les M.S.T. ne les concernent pas ; mais pour les célibataires ou les partenaires en rupture d'harmonie (notamment sur le plan sexuel), les dragueurs ou dragueuses invétérés, les risques sont devenus maintenant très importants de contracter une M.S.T., dont le sida bien sûr.

Il est donc impératif, lors de toute relation sexuelle avec un ou une partenaire occasionnel(le), d'utiliser des préservatifs. Tous les Centres de planning familial en fournissent gratuitement et bientôt ils seront vendus dans des distributeurs automatiques. Ils s'achètent discrètement en pharmacie, si l'on inscrit le nom sur un petit papier ou si l'on produit l'emballage. Et le prix d'achat d'une boîte est dérisoire en regard des risques encourus (voir *M.S.T.*, page 167).

Saint François de Sales disait : « *Il faut soigner son corps pour que l'âme s'y plaise* », et ces « soins » doivent s'exercer sur différents plans : le garder propre (hygiène corporelle), le nourrir convenablement (hygiène alimentaire), le traiter amicalement et avoir des pensées positives et propres (hygiène mentale), le préserver des maladies (hygiène préventive) et le faire vibrer de plaisir (hygiène sexuelle), surtout lorsque se propage une maladie telle que le sida, afin que ce corps puisse être l'allié bénéfique au service du meilleur vécu possible. Les anciens Grecs savaient bien qu'il n'y a pas de vraie civilisation si on ne cultive pas « *un esprit sain dans un corps sain* ».

11. Les aphrodisiaques

Aphrodite-Vénus, mère d'Éros-Cupidon, aurait, dit-on, révélé aux humains les noms de quelques plantes propres à exciter le désir et à faciliter l'acte sexuel. Nous donnerons ici, par ordre alphabétique, les noms et utilisations de quelques plantes dont la réputation et l'efficacité se sont maintenues au cours des siècles et qui peuvent s'acheter facilement (soit fraîches, soit séchées) en herboristerie, en épicerie, en pharmacie, soit incluses dans des spécialités pharmaceutiques. Si l'on possède un jardin, il sera facile d'en cultiver quelques-unes pour les consommer fraîches.

Berce : on se procure aisément cette grande ombellifère chez l'herboriste pour la consommer en infusion : 1 cuillerée à café de racines + feuilles par tasse d'eau bouillante. Faire des cures de 3 tasses par jour pour « bercer » les rêves les plus imaginatifs.

La Naissance de Vénus de Botticelli (Galerie des Offices, Florence).

Cannelle : très à l'honneur en Orient depuis des millénaires, ses vertus s'exercent dans différents domaines, mais son rôle d'aphrodisiaque a toujours été attesté. C'est, de plus, une délicieuse épice que l'on peut utiliser soit en poudre, soit en écorce, dans toutes sortes de préparations culinaires, car elle a sa place non seulement en cuisine française et exotique (gâteaux, crèmes, sauces...), mais aussi en assaisonnement de laitages (yaourt, fromage blanc...) et de boissons chaudes ou froides.

— **Vin chaud aphrodisiaque** et « panacée antigrippe familiale » : 1 cuillerée à café de cannelle dans un verre de vin rouge chaud et sucré.

— **Apéritif aphrodisiaque** « Vin de cannelle » : faire macérer 60 grammes d'écorce de cannelle + 30 grammes de vanille dans 1 litre de frontignan et consommer après une vingtaine de jours.

Capucine : cette « Fleur d'amour » de nos jardins joint aux vertus aphrodisiaques celles de lutter contre la sénescence (et aussi la chute des cheveux). Elle se consomme crue, en salade, décore joliment les plats (crudités ou légumes chauds), en potage (feuilles avec pommes de terre et oignons). Les boutons floraux et les jeunes fruits peuvent se confire (comme les câpres). Pour en consommer facilement toute l'année, il est facile de préparer un alcoolat qui permettra de faire régulièrement des cures : tasser un plein bocal de feuilles, le remplir d'eau-de-vie blanche et laisser macérer au minimum 15 jours. Filtrer, sucrer et prendre une cuillerée à café 3 fois par jour pendant 15 ou 20 jours.

Céleri : en feuilles, tiges ou racines, ce légume délicieux et peu cher est un excellent aphrodisiaque qui se prête à maintes préparations culinaires (purées, potages, râpé en salade, rémoulade, mixé en jus...).

— **Vin de céleri :** broyer une grosse tête de céleri avec 100 ou 200 grammes de sucre en poudre (suivant les goûts) et faire macérer cette préparation dans 1 litre de bon vin blanc, 48 heures minimum. Filtrer et boire 2 ou 3 verres par jour pendant 10 jours (repas ou en apéritif). Ce vin, au délicieux goût d'ananas, a de réelles propriétés aphrodisiaques que connaissaient bien nos Anciens des campagnes et que les gérontologues modernes conseillent de boire dès la quarantaine.

Cumin : très prisé par nos voisins de l'est et du nord de l'Europe qui en saupoudrent pains, gâteaux et fromages forts, il agrémente aussi très bien le riz, les pâtes, les viandes en sauce (boulettes de viande notamment).

En infusion : 1 cuillerée à café de semence par tasse d'eau bouillante.

Gingembre : les vertus excitantes du gingembre sur la sexualité sont bien connues et utilisées de longue date en Orient. Ce très beau rhizome se trouve maintenant dans toutes les épiceries « exotiques » et grandes surfaces. Cru, cuit, râpé ou en lanières, le gingembre aromatise merveilleusement les pâtisseries, viandes blanches, poissons, légumes. On peut aussi l'acheter confit ou en poudre. L'employer régulièrement en cuisine, car cet excellent aphrodisiaque est aussi un excellent condiment.

Ginseng : les Chinois l'appellent « l'Esprit du sol » et le mot panacée vient de son nom latin *(Panax)*, c'est dire comme son action bénéfique s'exerce dans différents domaines. Plante rare et chère, elle entre actuellement dans la composition de « fortifiants » pharmaceutiques (par exemple, Ginseng-Alfa) et les gérontologues modernes sont d'accord pour le considérer non seulement comme un aphrodisiaque, mais aussi comme une plante de « longue vie » ayant de réelles propriétés de ralentissement du vieillissement (1).

Menthe : considérée à juste titre dans la France profonde comme « propice aux jeux de l'amour », la délicieuse infusion de menthe excite juste ce qu'il faut lorsqu'on la prend après dîner ; une bonne grand-mère disait que tous les soirs elle préparait pour son homme et elle une infusion tilleul/menthe : « *La menthe pour éveiller et stimuler, le tilleul pour endormir et détendre !* » Sage grand-mère !

Oignon : cru ou cuit, l'oignon jouit de réelles et nombreuses propriétés, notamment aphrodisiaques. En consommer dans le maximum de préparations culinaires (potages, viandes, crudités, délicieuse tarte à l'oignon...). En gérontologie, ce légume joue un grand rôle de « fortifiant ».

Orchis mâle : plante commune des bois et prairies humides, elle s'achète en poudre (salep) et est encore très utilisée en Orient comme aphrodisiaque. Faire infuser 10 grammes de poudre dans 1 litre d'eau. Filtrer et consommer dans les 24 heures. Sucrer chaque tasse et ajouter cannelle ou vanille pour parfumer.

Pimprenelle : cette jolie et délicieuse plante des prairies peut se cultiver dans les jardins car c'est un condiment très prisé pour relever les salades. On lui attribue la vertu de donner « appétit et volupté ».

---

1. Voir l'ouvrage de Gérard Edde : *Ginseng et plantes toniques* (Éditions Dangles).

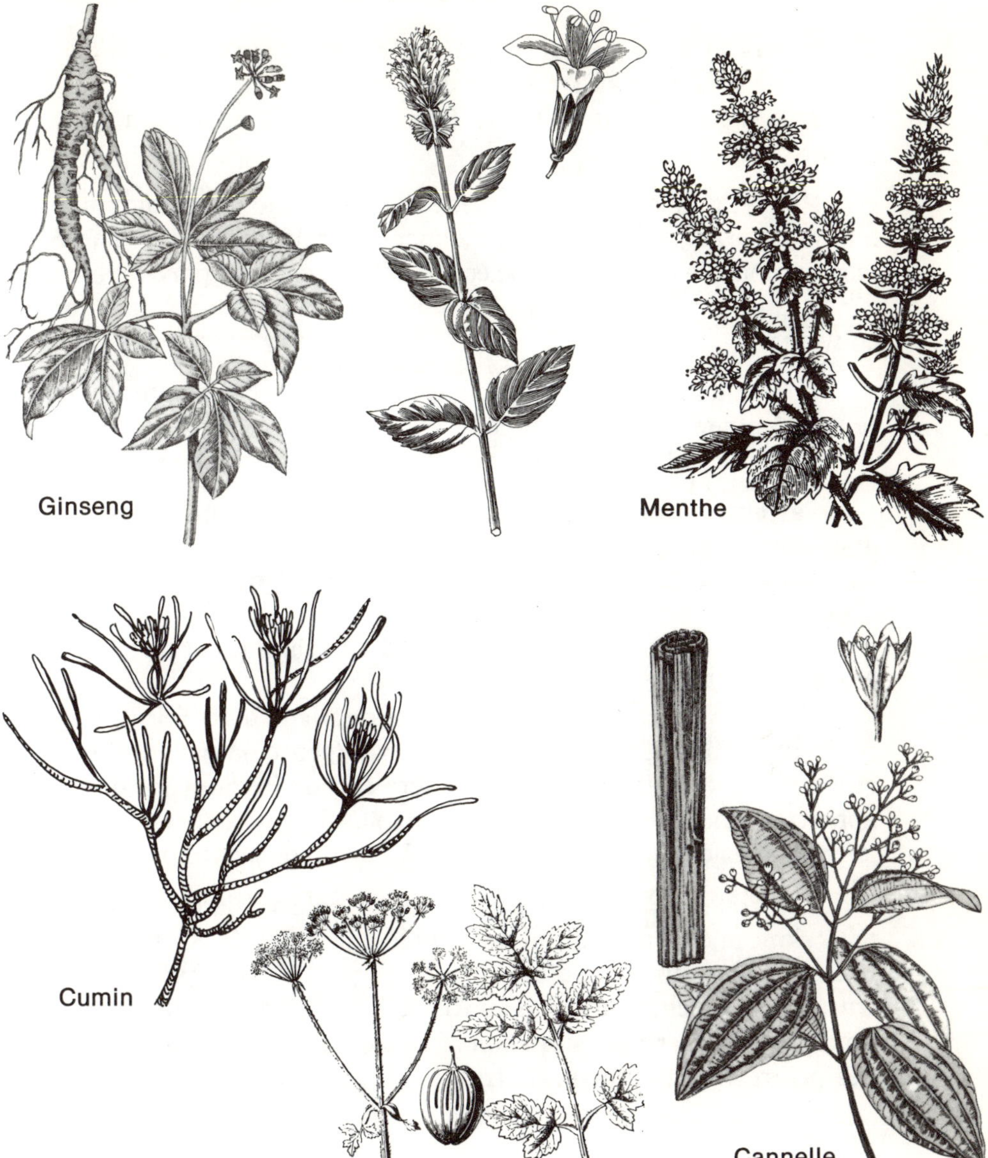

Quelques plantes aphrodisiaques.

Poivre : les propriétés excitantes de cette épice connue et très utilisée ne sont plus à démontrer dans nos pays, surtout si le poivre est associé à d'autres épices (cannelle, menthe, oignon, gingembre...).

Roquette : plante du Midi, cette jolie sauvageonne aurait pourtant sa place au jardin comme condiment des salades, car elle chante bien l'amour, la coquine, associée aux céleri, oignons (poivrés, bien sûr !), au point qu'on en avait banni la consommation dans les couvents.

Les jeunes pousses se mangent crues en salade ; la plante adulte se consomme comme condiment.

Infusion : 60 à 80 grammes par litre d'eau : 3 tasses par jour.

Safran : ce prestigieux parfum de la grande cuisine est un aphrodisiaque réputé qui ensoleille tous les sens. L'employer en cuisine (soupes de poissons, crustacés à la crème, riz, viandes blanches...).

— Infusion (cures de 10 jours) : 0,5 à 1 gramme par litre d'eau bouillante ; 2 à 3 tasses par jour.

— Sirop : écraser 10 à 15 grammes de stigmates et faire macérer 2 jours minimum dans 1/2 litre de vin (genre banyuls). Filtrer et ajouter 100 à 300 grammes de sucre en poudre, suivant qu'on apprécie ou non l'onctuosité sirupeuse, puis faire « fondre » le tout au bain-marie couvert. Prendre 2 à 3 cuillerées à café par jour.

Truffe : ce « diamant noir » est un aphrodisiaque reconnu mais dont la consommation est limitée par son coût. Cependant, pour une fête, un repas d'amoureux, on peut s'offrir parfois une truffe que l'on cuit tout juste au four dans un papier d'aluminium, ou alors préparer plus simplement une omelette aux truffes avec des pelures ou morceaux de truffes en boîte.

*

* *

Beaucoup de ces plantes aphrodisiaques (et d'autres encore) peuvent se trouver dans les magasins de produits diététiques, sous forme de gélules, flacons de poudre, jus, nectars, huiles essentielles, fraîches (feuilles) ou séchées (1)...

12. La grossesse

Merveilleux moment dans la vie d'un couple que celui de l'annonce de la venue d'un enfant et du partage de sa croissance pendant la gestation. Ce petit être, fruit d'un amour partagé, connaîtra en 9 mois une métamorphose fabuleuse ; il est passionnant pour de jeunes futurs parents d'en suivre le développement et important pour le bébé, dès les premiers mois, de se sentir aimé, entouré, conversé (contact vocal de la mère *et* du père), cajolé, comme *quelqu'un de présent* et non comme un visiteur « à venir ».

La sexualité pendant la grossesse, si celle-ci est normale (et c'est généralement le cas lorsqu'on est bien suivi), se poursuivra elle aussi normalement, mais il est évident qu'au fur et à mesure du développement de l'enfant certaines précautions sont à prendre et qu'il faudra s'adapter à l'évolution de la situation.

Au début, si Lui a un très long pénis il faudra éviter les positions qui facilitent l'intromission profonde en préférant, par exemple, les postures où Elle a les jambes allongées. Puis, lorsqu'Elle s'arrondit, surtout s'il y a une grande différence de poids entre les partenaires, il ne sera plus question de pratiquer le missionnaire Elle allongée sur le dos et Lui sur Elle. Il faudra prendre des positions latérales, ou pratiquer « la petite cuillère » en intromission arrière ainsi dénommée parce qu'elle évoque la façon dont les cuillères sont rangées dans une ménagère. Si Elle est plus confortable couchée sur le dos, Lui se mettra en position à genoux entre ses jambes.

---

1. Voir l'ouvrage du docteur Yves J. Charles et de J.-L. Darrigol : *Guide pratique de diététique familiale* (Éditions Dangles) qui décrit tous les compléments alimentaires diététiques.

FÉCONDATION ET EMBRYOGENÈSE :

Gauche : **Insémination.**
A : spermatozoïdes dans le vagin après le rapport sexuel.
B : ovules en développement dans l'ovaire (maturation).
C : spermatozoïdes cherchant à pénétrer dans l'ovule.

Droite : **migration de l'ovule fécondé dans la trompe.**
D : le corps jaune se forme dans le vésicule vide après l'expulsion de l'ovule.
E : noyau du spermatozoïde qui a grossi.
F : soudure des noyaux cellulaires féminin/masculin.
G : après 30 heures : première division cellulaire.
H : après 40-50 heures : séparation en 4 cellules.
I : après 3 jours : cellule dite « en forme de mûre » (morula).
J : après 4 jours : cellule avec vésicule.
K : nidation dans la muqueuse utérine.

1 : globule polaire.
2 : ovule.
3 : ovaire.
4 : pavillon de la trompe de Fallope.
5 : trompe de Fallope.
6 : utérus (matrice).
7 : muqueuse utérine.
8 : bouchon de mucus.
9 : entrée de l'utérus.
10 : vagin.
11 : noyau du spermatozoïde qui a grossi.
12 : noyau de l'ovule.
13 : globules polaires en cours de dégradation.

→

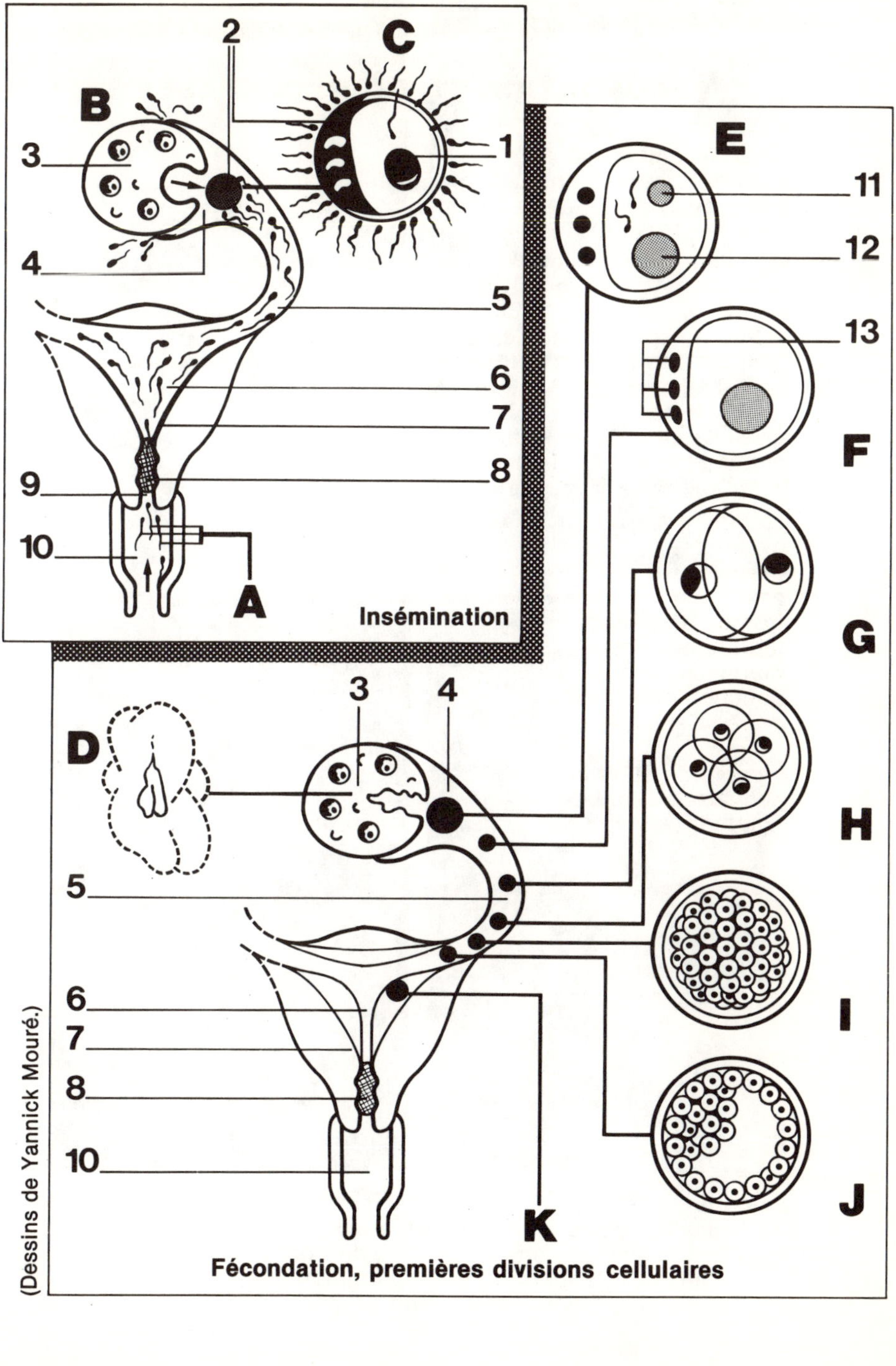

Insémination

Fécondation, premières divisions cellulaires

(Dessins de Yannick Mouré.)

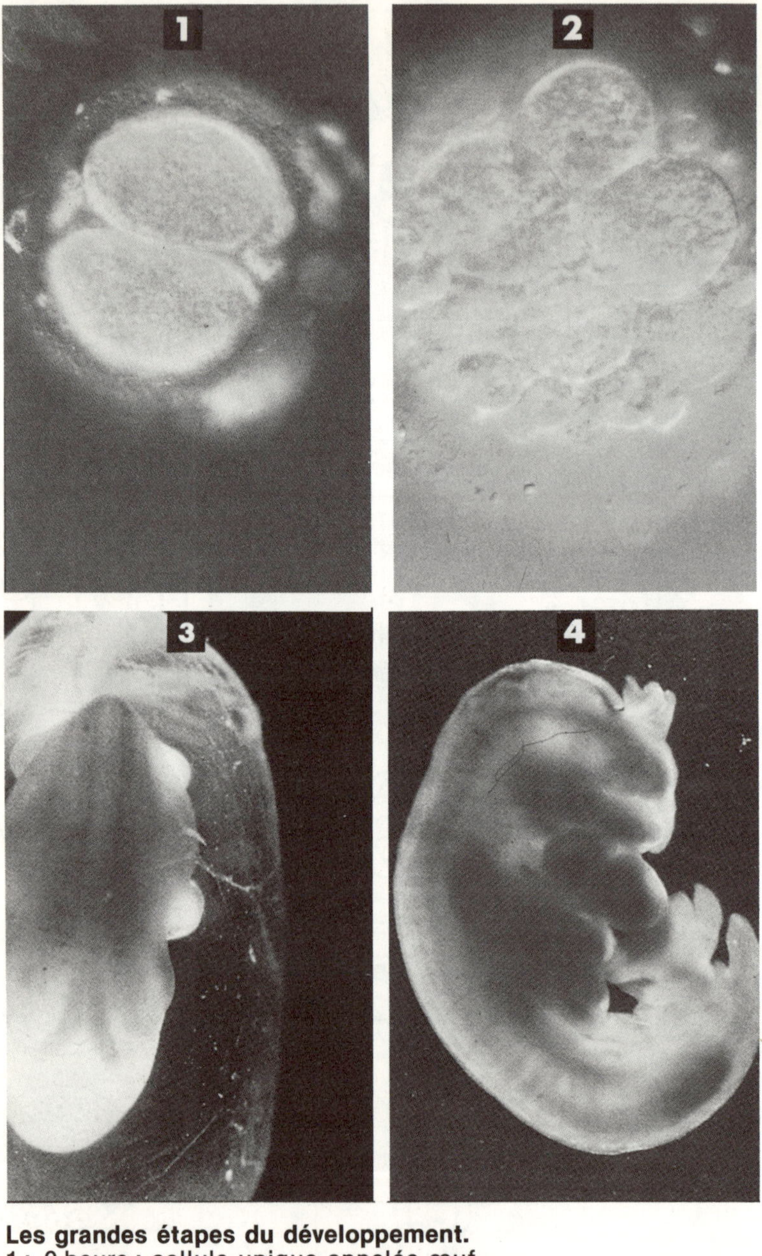

Les grandes étapes du développement.
1 : 0 heure ; cellule unique appelée œuf.
2 : 2 heures ; l'œuf commence à se diviser.
3 : 3 semaines ; apparition du sac amniotique.
4 : 4 semaines ; l'embryon mesure 3,5 mm.

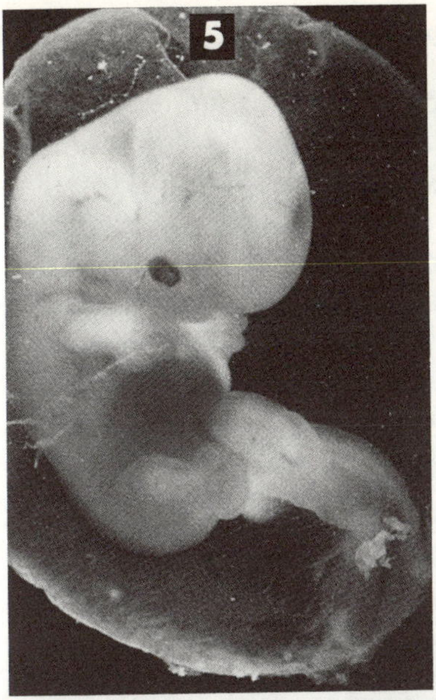

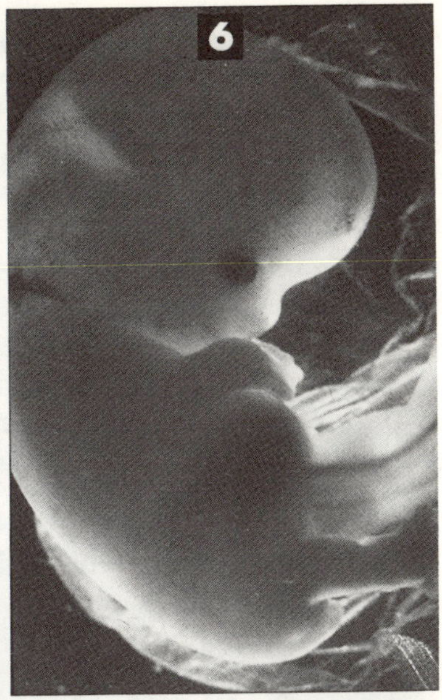

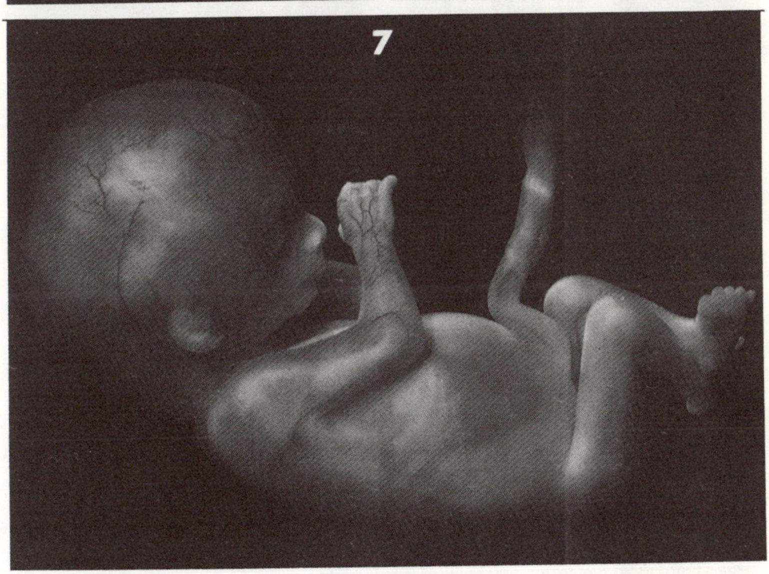

5 : 6 semaines ; l'embryon mesure 2 cm.
6 : 7 semaines ; la forme du visage apparaît. Le bébé est maintenant nommé fœtus.
7 : 14 semaines ; le fœtus a maintenant la forme d'un bébé, avec organes sexuels différenciés.

C'est également le moment de pratiquer toute la gamme des merveilleuses caresses manuelles et buccales, qui satisfont autant qu'un coït les partenaires et sont si précieuses lorsqu'il y a un problème (douleurs lombaires de la future maman, par exemple) ou que les positions deviennent trop acrobatiques ou gênantes.

Redisons ici, comme cela a été développé au paragraphe *Caresses*, combien il est important de ne pas interrompre pendant de longues périodes l'échange sentimentalo-physique du plaisir amoureux partagé, et combien les caresses intimes sont bienvenues et prennent bien le relai si le coït n'est plus possible ou trop mal commode.

Après la naissance du bébé, il faudra laisser aux tissus le temps de reprendre leur élasticité, leur tonus, et pendant environ encore un mois le coït ne pourra être pratiqué, mais les élans amoureux des partenaires continueront de s'exprimer au travers des caresses, en attendant le retour, pas si lointain, des relations sexuelles avec pénétration.

Il faudra voir avec son médecin à quelle période se situera cette reprise et penser aussi, dès le retour de la clinique, à pratiquer une remusculation totale de l'ensemble musculaire abdominal, soit en pratiquant chez soi des séries de contractions abdominales des muscles du petit bassin (10, puis 20, puis 30, etc.), soit par des séances chez le kinésithérapeute prescrites par le médecin.

La contraception sera également à étudier sérieusement avec le gynécologue car la première ovulation, après un accouchement, ne peut être que « vaguement » déterminée et, jusqu'au retour des règles (14 jours *après* l'ovulation), le risque d'être fécondée est grand. Si le médecin prescrit la pilule (environ 15 jours après l'accouchement), il n'y a pas de problème, mais si cela n'est pas possible, l'utilisation de préservatifs, associés ou non de gel spermicide, reste valable ; cela est à voir avec son médecin.

Les différentes phases de l'accouchement (planche extraite du *Cartable de documentation sur l'éducation sexuelle,* C.E.D.I.F., Planning familial, Bruxelles).

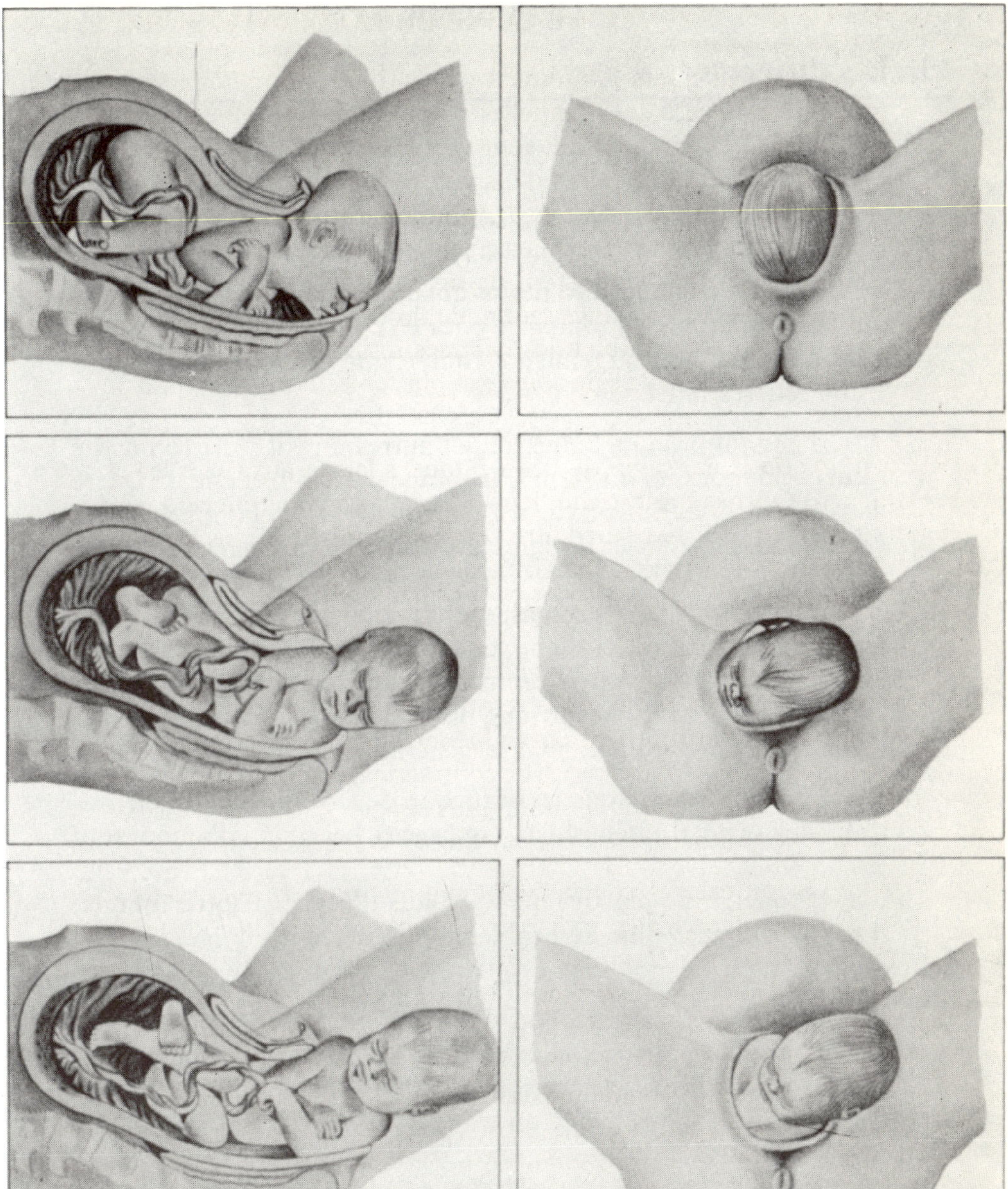

13. Les différences d'âge

Le tabou de la différence d'âge entre les partenaires est en voie d'extinction, mais est-ce vraiment un tabou lorsque l'écart est très important ? Pour estimer une « moyenne », avec toutes les limites que comporte cette donnée, on peut dire qu'au-delà de 15 années de différence en plus ou en moins apparaissent certains problèmes qu'il est préférable de connaître pour en pallier les inconvénients ; mais cela peut être largement estompé si le ou la partenaire plus jeune est très mûr.

Il ne faut pas que l'aîné traite l'autre en petit frère (ou petite sœur) à éduquer, ni qu'Il ou Elle tombe dans la frénésie du « être dans le vent » à tout prix car c'est ridicule. La relation doit être égale, naturelle, dénuée de complexes, sinon il vaut mieux s'en abstenir.

L'aîné doit veiller à son aspect physique : hygiène de vie, santé (éviter tabac, alcool...), ligne, coquetterie, et le ou la plus jeune éviter tout ce qui peut accentuer la différence d'âge ou gêner l'Autre : mode très excentrique des très jeunes, façon de parler « in », allusions à l'âge ou à la génération du partenaire, etc.

La relation implique ici beaucoup de savoir-vivre, de délicatesse, de doigté, d'intelligence... mais avec beaucoup d'amour tout est possible.

Disons qu'au-dessous de 10-15 ans d'écart, à notre époque, il n'y a vraiment plus de problème de différence d'âge.

Sur le plan sexuel, le ou la plus jeune est (tout au moins au début) un stimulus sexuel pour l'aîné qui apporte, en échange, le savoir-faire, la patience, et cela est loin d'être négligeable. Nombreux sont d'ailleurs les témoignages de très bonne entente sexuelle entre les partenaires ayant un tel écart d'âge.

*

* *

14. Sexualité du 3e âge

Le terme « troisième âge » est assez imprécis puisqu'il englobe les retraités dont les âges s'échelonnent en France dès 50 ans, et ne tient pas compte de la diversité physico-physiologique qui peut être très grande dans cette gamme d'âge d'une personne à l'autre, dès la quarantaine d'ailleurs.

Si l'on est en bonne santé et si l'on a su cultiver tout au long des années une allure et un esprit jeunes, dans une bonne hygiène de vie, on est alors enfin devenu adulte (Picasso disait avec justesse : « *On met longtemps à devenir jeune !* »). Alors, quand arrivent les décennies de « l'âge de raison », cette tranche de vie peut devenir particulièrement riche et belle, sur tous les plans, car débarrassée des contraintes professionnelles (temps retrouvé !) et des responsabilités parentales.

Disons tout de suite qu'il faut préparer très tôt cet « après » de la vie professionnelle pour ne pas tomber dans l'ennui, les rou-

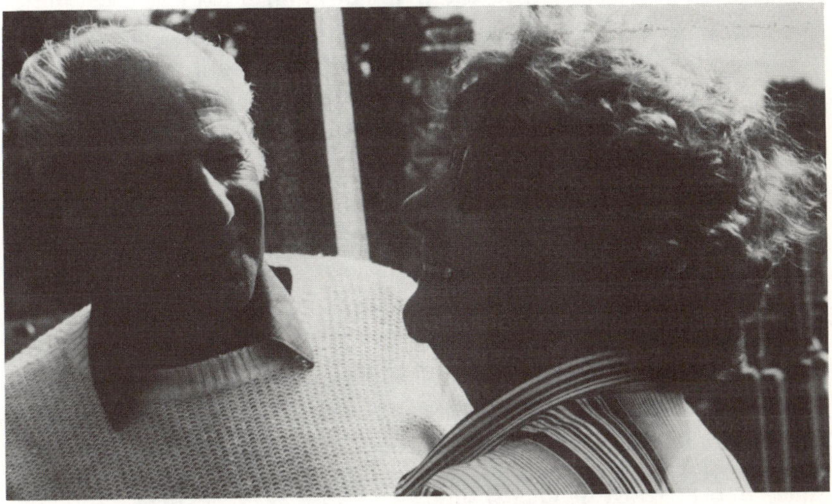

« *Devenir un jeune vieux couple d'amoureux* » (Balzac).

tines, l'inactivité sclérosante qui précipitent vers la sénilité. D'où l'intérêt des « hobbies », et ce doit être l'occasion de faire enfin ce que l'on souhaitait et que la fatigue, les soucis, familiaux et professionnels, empêchaient de réaliser (peinture, voyages, musique, sports (non violents), bénévolat social, culturel ou professionnel, études, etc.) (1).

Sur le plan sexuel :

— Pour les couples qui ont eu la chance, la volonté et la persévérance de faire durer leur duo, il n'y a pas de raison pour que ce domaine pâtisse du temps qui passe. Il faut seulement être vigilant, imaginatif et puisqu'il n'y a plus, notamment, de contraintes d'horaires, savoir inclure la Mélodie du bonheur comme un bain de jouvence car « **le meilleur aphrodisiaque de l'amour est l'amour** » et tous les gérontologues sont d'accord pour lier activité sexuelle *et* longévité, ce qui n'empêche pas de se concocter des tisanes (voir paragraphe 11, *Aphrodisiaques*) et des petits plats qui « mettent en appétit ».

— Pour ceux qui ont connu les vicissitudes d'une vie de couple mouvementée et qui décident de rester ensemble une bonne fois pour toutes, une activité sexuelle harmonieuse peut être le ciment qui consolidera et raffermira la bonne entente des partenaires.

— Enfin, pour celles et ceux qui se retrouvent seuls, la liberté retrouvée ne doit pas conduire à une frénésie sexuelle qui aurait vite fait de les mettre sur le flanc, sans parler des M.S.T., du sida..., mais à tenter de recommencer une belle histoire d'amour et d'amitié dans un moment où l'on n'y croit plus guère et où chacun a pourtant ses chances car il y a davantage de gens seuls après 50 ans qu'avant. Il faut dire que les messieurs sont avantagés car il y a plus de femmes seules que d'hommes célibataires ; ils ont donc plus de choix. Il faut de toute façon sortir, pratiquer des activités (clubs de voyages, culturels, sportifs, de bridge, de danse...) et, pourquoi pas, les agences matrimoniales.

---

1. Voir l'ouvrage de Louis Faurobert : *En forme après 60 ans !* (Éditions Dangles).

Enfin, si Éros veut bien vous gratifier de l'une de ses flèches, il faut dire qu'un amour tout neuf dans l'âge mature est absolument délectable car joint à l'expérience et, surtout s'il vient après un chagrin ou une déception, on saura mieux veiller sur lui et mieux comprendre l'Autre. C'est en tout cas un stimulus sexuel et un facteur de rajeunissement garantis.

Bien sûr, Elle et Lui n'ont plus 20 ans et quelques petits inconvénients peuvent se révéler, mais il y a aussi des avantages.

Lui est plus lent à s'exciter et les érections sont moins flamboyantes, mais cela est largement compensé par la lente et longue « montée » du plaisir dans la Mélodie du bonheur, et par le fait que le contrôle de l'éjaculation est beaucoup plus facile.

Pour Elle, si elle n'est pas ménopausée, la contraception n'a plus besoin d'être aussi draconienne et peut se borner à employer un gel spermicide (à décider néanmoins avec son gynécologue) ; si Elle l'est, il n'y a plus alors de problème de contraception ce qui est souvent libératoire pour une femme.

Il faut dire que tous les sexologues sont d'accord pour affirmer que la ménopause n'a aucune influence sur les facultés de plaisir des femmes, et beaucoup de témoignages affirment même le contraire, peut-être en raison notamment du fait que les partenaires sont devenus moins « rapides »... et également parce qu'Elle, n'étant plus soumise aux « fluctuations » et « états d'âme » du cycle menstruel, est plus « cool », plus disponible, plus offerte au plaisir. Un petit inconvénient est quelquefois signalé au niveau de la lubrification vaginale et vulvaire, surtout si l'on est resté longtemps sans avoir de relations sexuelles. Cet écoulement devrait réapparaître avec une reprise régulière des pratiques sexuelles et, en attendant, il suffit de lubrifier avec de la vaseline. Si cependant cet inconvénient persiste, il faut consulter son gynécologue qui prescrira un petit traitement.

Dans tous les cas, user et abuser des plantes citées au paragraphe *Aphrodisiaques* qui, associées à l'amour et à la tendresse, permettront aux amoureux de longue date ou aux nouveaux venus de « **devenir un jeune vieux couple d'amoureux** », comme le souhaitait si ardemment Balzac à tous les amoureux de tous âges.

SATHE

TROISIÈME PARTIE

Le Jardin des malices

Quelques difficultés et maux du Jardin des malices sont évoqués ci-après ; afin de faciliter au lecteur sa recherche, nous avons opté pour un classement alphabétique des problèmes rencontrés au cours de la vie affective et sexuelle.

*
* *

Alcoolisme

L'alcool, lorsqu'il est consommé d'une manière *immodérée*, agit directement et rapidement sur la sexualité. C'est le tue-amour et le contraire de l'érotisme, par la déchéance physique et morale qui, progressivement, fait d'un être humain un pauvre débile sur tous les plans : Lui, avec des problèmes d'érection ou d'éjaculation précoce ; Elle, une pauvre chose « imbaisable » (voir au mot *Drogues*)...

Angoisse

Cette peur diffuse, confuse, engendre un état de malaise qui peut être très préjudiciable sur tous les plans, notamment à une vie sexuelle harmonieuse. Consulter un psychologue.

Angoisse de castration

Cette forme d'angoisse est assez répandue chez les petits garçons et se traduit par la peur de perdre son pénis. Elle doit être rapidement surmontée car elle pourrait être à l'origine de troubles sexuels divers. L'enfant mâle, inconsciemment, sent la vulnérabilité anatomique de ses organes sexuels externes et c'est aux parents de dédramatiser la situation par de patientes explications qui l'apaiseront, dans le respect de sa pudeur. Surtout ne jamais se moquer, ni « mettre en boîte », ni avoir de gestes brusques pour tout ce qui « tourne » autour du « zizi », ni pour tout ce qui touche à la miction ou à la défécation. Cette peur est évidemment inconsciente et dans une ambiance familiale qui entoure l'enfant d'une grande tendresse, elle se surmonte en général très bien.

Anorgasmie

Qualifie le fait qu'une femme n'éprouve pas de désir ni de plaisir sexuel, en raison d'inhibitions enfantines ; il faut absolument consulter un psychologue ou un sexologue. Une enquête récente recense les différentes études faites sur ce sujet jusqu'en 1985 : il en ressort qu'environ 10 % des femmes n'ont pas d'orgasme, que 82 % l'obtiennent par autostimulation et que seulement 28 % l'éprouvent de façon coïtale.

Ce qu'on appelait autrefois « frigidité » est trop souvent le résultat de la méconnaissance personnelle de ses propres mécanismes de la montée du plaisir, alliée à celle du partenaire ; pour les plus jeunes, elle est donc liée à une normale inexpérience et, pour les moins jeunes, a de mauvaises habitudes dues, notamment, au fait que les mises au point nécessaires n'ont pas été clairement énoncées et incluses dans la vie du couple.

Il faut dire et redire qu'une entente sexuelle ne vient pas en quelques coïts, mais s'élabore lentement au fil des jours, dans la volonté de réussir une harmonie qui requiert la vigilance des deux partenaires dans la spontanéité d'une attitude d'offrande et de partage qui dilate physiquement et moralement. Parler d'anorgasmie est généralement abusif, alors qu'il suffit le plus souvent de dresser à deux, ou avec l'aide d'un sexologue, un petit bilan du savoir-faire amoureux, de lire quelques bons ouvrages sur la sexualité pour redémarrer, mieux informés et bien déterminés, une vie sexuelle dans la complicité du plaisir partagé, en sachant que le coït bien réussi ne se résume pas à quelques minutes de va-et-vient du pénis dans le vagin, ni à la recherche de l'orgasme simultané (voir page 122) ! Se méfier donc des lacunes du savoir-faire, des fausses pudeurs et de la méconnaissance des scénarios de la montée du plaisir chez les partenaires avant d'affirmer qu'Elle est frigide, et savoir que ce jugement abusif pourra alors la bloquer, la complexer (paragraphe *Caresses*).

Si des problèmes résistent à l'analyse et à la bonne volonté des partenaires, il ne faut pas hésiter à consulter un sexologue afin de ne pas laisser s'installer une mauvaise ambiance préjudiciable à l'entente sentimentale et sexuelle du couple (voir méthode de Kegel, page 98).

Attitude négative

Être plus ou moins systématiquement négatif devant les événements de la vie manifeste un refus de participer, de coopérer, d'agir avec objectivité, et constitue un grand handicap puisque cette attitude barre la route à tout changement, tout progrès, toute amélioration. Dans la vie sexuelle aussi un tel comportement doit être prohibé car tout refus non justifié dans le duo bloque, perturbe, interrompt même le bon déroulement de la Mélodie du bonheur. Il ne faut pas cependant tomber dans le béni-oui-ouisme car chacun a le droit de dire OUI ou NON, d'aimer ou non ceci ou cela. Mais les choix doivent procéder d'une expérience et d'une réflexion, et non d'un blocage dans un réflexe de négation irraisonnée.

Aversion pour les rapports sexuels

Cette attitude arrive peut-être le plus souvent en sexualité débutante, lorsque le ou les partenaire(s) a (ont) été inexpérimenté(s), maladroit(s), ou après une grossesse, un accouchement difficiles, un viol, ou lorsqu'on est amoureux « ailleurs ». C'est une situation qu'il ne faut pas laisser s'éterniser car elle est très éprouvante sur tous les plans.

— Dans le cas d'une déception lors des premiers rapports, surtout pour Elle (et surtout si Elle a voulu se lancer dans des « expériences » sans sentiment réciproque, sans avoir bien choisi son partenaire), il faut dédramatiser absolument et se garder d'étendre ces fâcheuses « bavures » au futur et au véritable partage amoureux. Cela relève d'une attitude négative (voir ci-dessus) et ne préjuge en rien de la suite de la vie sexuelle avec un partenaire harmonieux. Il faut, au contraire, se dire que les mauvaises expériences profitent mieux à l'expérience que les bonnes et être attentif à bien choisir dans l'avenir en ayant lu et relu les chapitres *la Première fois* et *la Mélodie du bonheur*. Lorsqu'on « recommence », parler avec Lui *avant* des déceptions et difficultés éprouvées, et pratiquer longuement et patiemment toute la gamme des caresses qui mettent en confiance, dilatent, avant d'arriver à la phase pénétration. Si les problèmes persistent, consulter un sexologue.

— Pour les problèmes liés à la grossesse ou à l'accouchement, il faut voir avec son médecin-accoucheur, son gynécologue, car ce sont des problèmes temporaires, limités dans le temps, mais qu'il ne faut pas laisser détériorer le vécu du couple.

— Le viol (comme l'inceste) est un problème délicat et fait partie des sujets tabous de toutes les sociétés par la triste réalité de sa pérennité et même de sa croissance. Il faut là aussi dédramatiser cet « accident » et chasser le plus vite possible ce pénible souvenir de la mémoire en s'interdisant d'y penser et surtout d'établir un rapport entre cet acte agressif et la sexualité normale, comme un accident de voiture n'empêche pas de remonter en auto et de conduire. Un viol n'est pas un acte sexuel, c'est un acte d'agression criminel.

Si la victime n'est pas contraceptionnée et si l'agression se situe en période de fécondité de son cycle (entre le 10e et le 20e jour du cycle), il faut absolument prendre la « pilule du lendemain » et, de toute façon, se faire suivre par son gynécologue (danger de M.S.T.). Il faut signaler que dans le cas de viol l'I.V.G. est normalement pratiquée en cas de grossesse, mais il est préférable de ne pas en arriver là et de prendre la pilule du lendemain. De toute façon la consultation d'un sexologue est souvent souhaitable.

L'association Viol femmes information peut être contactée (voir *Adresses utiles*).

— Lorsqu'on vit en couple, passe le temps et viennent parfois les mésententes, la routine ; Éros, qui connaît toutes nos faiblesses, en profite pour lancer une fléchette… C'est très inconfortable de vivre une « double vie » sentimentale et sexuelle et il faudra déployer des trésors d'intelligence, de ruse, pour arriver à assumer une bigamie satisfaisante pour la triade.

Sur le plan sexuel, Lui devra faire face, et s'il est perturbé (problème d'érection, par exemple), savoir que ce n'est qu'une perturbation psychique temporaire due à une situation difficile et qui redeviendra normale quand se détendra la situation, ou qu'un choix sera fait.

Pour Elle, c'est souvent moins facile d'assumer l'amour conjugal quand le cœur est « ailleurs » et Elle peut connaître cette fameuse aversion qui a l'avantage d'être plus discrète que l'absence d'érection masculine. Il faut donc assumer la situation, patienter, laisser faire le temps, avant de prendre des décisions importantes, s'il y a lieu, car si cet amour se révèle n'être qu'un feu de paille l'aversion du conjoint disparaîtra et fera même place à de délicieuses retrouvailles.

Dans ce genre de situation, surtout si l'on choisit de finalement rester avec son ancien partenaire, il existe un « toujours jeune vieux-principe », dont Eugène Labiche a fait le sujet d'une de ses pièces qui s'intitule *Doit-on le dire ?* (1). Il vaut mieux en effet, le plus souvent, « ne pas le dire », surtout si le caractère de l'Autre est rancunier ou jaloux. Si évidemment il y a des preuves formelles, on ne peut pas nier, mais alors se « faire tout petit », discret, afin de ne pas alimenter des discussions stériles. Les adeptes de la « vérité toute nue et toute crue » dans ce domaine s'exposent à de pénibles scènes, surtout si elles sont agrémentées de détails indélicats qui peuvent ensuite nuire à l'entente du couple pendant des années.

1. Les paroles de la chanson *Doit-on le dire ?* sont de Jean Marsan, musique d'Offenbach.

Blocage

Sur le plan sexuel lorsque l'on bute sur un problème, une angoisse, un refoulement, un tabou, il est impératif de ne pas se cristalliser sur un blocage afin de ne pas le « fixer ». Il faut soi-même le prendre à bras-le-corps, avec son partenaire, en parler et trouver la solution, car à tout problème existe toujours une solution ; si l'on n'y arrive pas, se faire aider par un sexologue.

Complexe d'infériorité

Avoir un tel complexe veut dire qu'on ne se sent pas à la hauteur d'une situation, d'une personne, d'un groupe... Il faut donc refuser ce barrage que l'on dresse soi-même dans sa vie, son évolution, ses rapports avec les autres, en essayant de déterminer d'abord, d'une façon objective, si l'insuffisance constatée est bien réelle (il est stupide de se sentir complexé devant un professeur, ou un « spécialiste »). Si une insuffisance est constatée, tenter d'y remédier, que ce soit sur le plan physique (il y a mille façons d'améliorer un physique, notamment par la chirurgie esthétique) ou intellectuel (les bibliothèques, discothèques, conférences en tout genre, clubs, cours... ne manquent pas). Sur le plan sexuel, il faut être conscient qu'une bonne information et l'expérience conduite sérieusement sont nécessaires. Il faudra donc acquérir simplement l'expérience qui lèvera pas à pas les craintes, les appréhensions, tout à fait normales au début de la sexualité. Par ailleurs, il faut se rappeler que lorsqu'on change de partenaire une partie de l'expérience acquise doit être remise en cause.

Complexe d'Œdipe

C'est l'hostilité du petit garçon envers son père par amour et désir possessifs de sa mère. Ce sentiment totalitaire ne devrait pas dépasser l'âge de 5 ans en évoluant, comme c'est le cas le plus général, dans l'admiration et l'imitation du père, ce concurrent des premières années. S'il persiste au-delà de ce laps de temps, il pourra être à l'origine de certains troubles sexuels et c'est aux parents d'être très vigilants en ne brusquant pas la sensibilité de l'enfant dans le domaine affectif.

Consultation d'un sexologue

Ne pas consulter n'importe quel « farfelu ». La meilleure garantie de trouver un bon spécialiste est de s'adresser à la Société française de sexologie clinique (voir *Adresses utiles* en fin d'ouvrage), qui fournira les noms et adresses des médecins de votre région.

Par ailleurs, les Centres de planning familial possèdent des consultations de sexologie et les adresses peuvent être demandées dans les mairies.

Culpabilité (sentiment de)

Le sentiment de culpabilité exprime la douleur morale ou imaginaire. L'imaginaire relève de la thérapie psychologique et la douleur morale réelle (chagrin, déception, séparation...) doit être surmontée le plus positivement possible en prenant conscience de ce que chaque épreuve bien surmontée apprend plus de la vie et fortifie davantage le caractère, le vécu et la personnalité.

Sur le plan de la vie sexuelle, ce sentiment devrait être totalement prohibé des relations du couple car si, dans les pratiques amoureuses on a toujours comme règle d'être attentif à ce qu'aime l'Autre, à ses réactions, et que cette « écoute » est réciproque, il ne devrait pas y avoir de place pour ce sentiment négatif et frustrant.

Dénatalité

Un sage chinois, Ko Tseu, a dit que « *l'amour et la nourriture ont la même importance vitale pour notre santé et notre survie* ».

C'est vrai qu'un pays qui se dépeuple vieillit, perd son dynamisme, sa créativité ; la campagne publicitaire actuelle, qui propose tant de façons de souscrire des retraites complémentaires, met bien le doigt sur l'un des problèmes qui attend les futurs retraités dans quelques années.

Où mènera la dénatalité en Occident face à l'explosion démographique de la plupart des pays à faible niveau de vie dont certains ont atteint ou même dépassé le milliard d'individus (Chine, Inde...). L'interrogation est simplement posée et à chaque couple d'amorcer sa propre réflexion sur ce sujet brûlant, plus urgent qu'il n'y paraît, et qui concerne l'avenir de tous les jeunes.

Dépistage

C'est la recherche systématique de certaines maladies qui, par un dépistage précoce, permet de soigner et guérir avec le maximum de chances le patient. C'est notamment, pour Elle, la pratique indispensable du « frottis » annuel ou bi-annuel chez un gynécologue *et* le palpage fréquent des seins. Ces deux simples précautions sont parmi les grands succès de la médecine préventive et il faut absolument les pratiquer.

Déviations

En sexualité, ce terme qualifie une ou des attitudes inhabituelles du comportement, par exemple : exhibitionnisme, inceste, zoophilie (voir ces mots)...

Divorce

Dans un couple, la séparation est toujours le constat d'un échec, mais chercher qui a tort ou qui a raison ne mène pas à grand-chose. Après une solide réflexion, si l'on est tout à fait résolu à rompre, il faut essayer alors d'en vivre les modalités pratiques, *surtout s'il y a des enfants,* avec le maximum de dignité, sans **jamais,** se servir de ces derniers pour se quereller, en s'interdisant d'étaler devant eux la misère d'un couple finissant. Trop de jeunes ont été traumatisés par des (ou un) parents indélicats qui s'imaginaient avoir le droit de leur imposer des confidences dont nul n'avait à connaître l'existence, sauf l'avocat, ou par un « bourrage de crâne » peu objectif destiné à faire détester ou juger l'autre parent.

Drogues

a) Alcoolisme

Depuis que Pappy Noé se laissa aller dans les « vignes du Seigneur », la consommation de vin et d'alcool n'a cessé de croître. Si un repas de fête sans bon vin ne peut se concevoir dans un pays de cocagne comme la France, il faut simplement rappeler que tout est poison, rien n'est poison, **c'est la dose qui fait le poison.** Sur le plan de la sexualité, si un apéritif ou un peu de vin au cours du repas sont même un peu euphorisants (voir *Vin de cannelle* et autres recettes au paragraphe *Aphrodisiaques*), au-delà le taux d'alcool dans le sang devient un **handicap** pour les relations sexuelles (problèmes d'érection, d'éjaculation précoce ou tout simplement envie irrésistible de dormir !). L'alcool est une drogue « dure » dont l'abus de consommation a notamment une incidence directe sur la sexualité ; c'est une des grandes causes de la triste impuissance masculine.

Voir en fin de volume, *Adresses utiles*.

b) Tabagisme

En France, la méconnaissance des méfaits du tabac sur la sexualité et la procréation est assez sidérante, surtout chez les jeunes qui commencent à fumer très tôt et sont tout à fait inconscients de ce qu'ils engagent par cette véritable « pollution » de leur corps et de leur cerveau, leur santé future, celle de leur descendance, et bien sûr leur longévité ainsi que celle de leur vie sexuelle.

En effet, le tabagisme affecte directement la sexualité en attaquant sur différents fronts et cette perturbation, cette destruction, s'exerce non seulement au niveau des réflexes, mais aussi au niveau des hormones, des tissus, par une véritable « asphyxie » (1).

Le tabagisme est aussi une des grandes causes des problèmes d'érection, d'éjaculation précoce, surtout s'il est conjoint à une trop grande consommation d'alcool (vin, bière, apéritifs...), à des excès alimentaires, à une vie trop sédentaire. Les signes en sont d'ailleurs visibles et ressentis dès avant la quarantaine.

Pour les femmes, c'est non seulement leur santé mais leur beauté qui est en jeu (notamment déshydratation de la peau). Il faut aussi signaler avec force que l'association pilule-tabac accroît fortement le risque de cancer et de problèmes circulatoires (15 cigarettes/jour + la pilule, multiplie par 12 les risques de maladies cardio-vasculaires). Disons encore ici combien le tabagisme des nouveau-nés est catastrophique pour ces petits êtres et que ce phénomène est malheureusement en expansion. On peut raisonnablement penser, outre les nuisances subies par le bébé pendant la gestation (cerveau (mémoire), organes (reins, foie...), système nerveux, métabolisme...), qu'une « habitude » et une expérience prénatale d'une drogue créera une sorte de prédisposition à des « tentations » tout au long de la suite de la vie de l'enfant. Déjà d'éminents spécialistes expriment cette crainte et il faut vraiment dire aux jeunes femmes d'observer une rigoureuse hygiène de vie pendant la grossesse.

Voir en fin de volume, *Adresses utiles*.

c) Usage des stupéfiants

Il ne sera pas tenu compte ici de la séparation classique entre drogues « douces » et drogues « dures ». Il faut savoir que l'entrée dans les drogues dures se fait soit directement, soit souvent par l'alcool (autre drogue dure), soit encore par les médicaments. Parfois aussi, on commence par les drogues dites « douces » pour finir, un jour ou l'autre, par prendre des « dures ». Les « dealers »

---

1. Lire également l'ouvrage de Bruno Comby : *Comment vous libérer du tabac* (Éditions Dangles).

Campagne d'affiches 1987 réalisée par la Fondation « toxicomanie et prévention jeunesse » (Fondation de France) et le concours du secrétariat d'État à la Jeunesse et aux Sports.

connaissent et exploitent ce processus de l'engrenage en se servant des premières comme « appât » qui, hélas ! marche trop bien.

Il faut prendre conscience que l'usage de la drogue est catastrophique sur tous les plans : physique, intellectuel, social, familial et, bien sûr, sexuel.

Il faut aussi réfléchir et ne pas se contenter de ne voir là qu'un « problème de société », terme finalement assez vague qui permet de noyer tout comportement personnel dans un anonymat stérile. C'est un problème de **responsabilité individuelle** car, même si la société offre des tentations, **c'est l'individu qui choisit** de consommer, de fumer, de se piquer. **La société reflète le vécu individuel et non l'inverse,** et le comportement « moutons de Panurge » tel que le décrivait Rabelais, s'il est le reflet d'une tendance à la facilité, n'est ni une excuse, ni un paravent qui occulte la volonté individuelle et personnelle. Il faut souligner ici le rôle de véritable informateur et formateur que pourraient avoir les médias (T.V. notamment) sur les jeunes en diffusant des émissions bien faites sur cet important problème, où viendraient s'exprimer d'anciens malades, des médecins, sociologues, éducateurs... ayant une bonne expérience dans ce domaine, et non des petits reportages (quelques minutes) qui n'apportent pas grand-chose. Il faudrait, par exemple, informer les jeunes que **la toxicomanie engendre toujours l'accoutumance**, d'où un besoin toujours accru de drogue (donc d'argent) par l'engrenage inexorable de prises de plus en plus fortes et fréquentes.

Chanter « *Dis-leur merde aux dealers* » c'est très bien, mais en informant parallèlement dans le détail tous les jeunes pour qu'ils trouvent l'argument et la force qui les aidera à « dire merde aux dealers ».

Les parents, les jeunes, les éducateurs devraient aussi avoir le courage d'aborder ces questions, sans hypocrisie ni principes moraux dépassés, afin d'essayer ensemble de trouver des solutions sur le plan concret du quotidien.

Voir, en fin d'ouvrage, *Adresses utiles*.

Éjaculation précoce

Ce problème des tout jeunes (voir paragraphe *la Première fois*) ou qui surgit parfois lorsqu'une perturbation physique (maladie...) ou psychique (chagrin, grand amour...) se produit dans la vie, se soigne généralement bien si on ne fixe pas ce problème d'une façon obsessionnelle. C'est pourquoi il vaut mieux consulter un médecin, si possible un sexologue (voir à *Consultation*), qui déterminera la ou les causes réelles de ce problème et vous aidera à y porter remède.

Les deux méthodes de contrôle et de maîtrise de l'éjaculation décrites page 118 sont extrêmement efficaces et tout homme devrait en faire l'expérience afin de choisir celle qui lui convient le mieux.

Il faut rappeler que le contrôle de l'éjaculation est l'une des « clés de voûte » de la bonne entente sexuelle des partenaires et qu'il vaut la peine de s'y exercer et de persévérer car, là aussi, l'apprentissage peut être plus ou moins long sans que cela ne préjuge en rien de la suite de la vie sexuelle.

Exhibitionnisme

Chez l'homme, déviation sexuelle du plaisir qui consiste à montrer son sexe à une inconnue en public.

Érection (troubles de l')

Le gonflement du pénis ou du clitoris, qui traduit l'excitation au masculin et au féminin, peut présenter un « silence érectif » lorsque des problèmes de santé ou psychologiques perturbent le vécu : maladies, médication, alcoolisme, tabagisme ou autre drogue, fatigue, stress, chagrin, amour fou... Il faut dire ici que, par exemple, l'association alcool + tabac + tranquillisants chez Lui, et alcool + tabac + pilule + éventuellement somnifère ou tranquillisant chez Elle, sont particulièrement néfastes à une vie sexuelle épanouie. Bref, tous les troubles physico-physiologiques et les chocs émotionnels ont très souvent des répercussions au niveau du désir et des organes du désir et s'il ne faut pas en faire un drame il faut cependant consulter un bon sexologue afin de ne pas laisser se détériorer la situation et consommer les aphrodisiaques cités au Jardin des délices. Si la cause du silence érectif est trouvée et banale, Lui et Elle peuvent essayer ce traitement simple qui consiste à se caresser mutuellement, *sans avoir pour but le coït*, simplement comme deux adolescents, en se laissant aller au seul plaisir de l'échange des caresses, et ce pendant plusieurs jours. Cette rééducation, depuis les pratiques de base de la montée du plaisir, recycle et débloque bien les mécanismes fragiles de l'échange sexuel.

Fast-love

L'antiamour, l'antiérotisme, sont inclus dans cette expression qui réactualise l'ancien terme « l'amour à la va-vite » de nos grand-mères. Le fast-love est à l'amour ce que le fast food est à la gastronomie car, si on peut dire qu'on est « comme on mange », on est encore davantage « comme on aime » que ce soit sur le plan sentimental ou physique, et sur ces plans-là c'est plus grave. L'amour bien fait, bien partagé, épanouira le couple et sa vie familiale, sociale ; si ce vécu est un fast-love, il y a gros à parier qu'Elle sera vite frustrée, énervée, agressive, et aura légitimement envie « d'aller voir ailleurs... », et que Lui sera vite étriqué, sans imagination, triste sire, ou que légitimement il aura lui aussi très rapidement envie d'autre chose.

Fatigue

Intellectuelle ou physique, la grande fatigue est très préjudiciable à l'amour. Il faut donc éviter d'ajouter aux fatigues quotidiennes (professionnelles, familiales...) des activités fébriles et débordantes qui, en s'ajoutant au reste, ne laissent plus à l'organisme le temps de « souffler » et au couple le temps de s'aimer.

Fausse pudeur

Retenue, gêne, pouvant aller jusqu'au refus, du geste ou de la parole, reposant sur une fausse morale ou des préjugés sans valeur. En sexualité, la fausse pudeur correspond à un (ou des) blocage. Il faut donc en parler avec son partenaire (ou des amis) et trouver une solution afin de ne pas détériorer la fusion amoureuse, les caresses, ou tout simplement les échanges normaux qui existent dans un couple.

Fétichisme

Déviation sentimentalo-sexuelle qui consiste à aimer, voire idolâtrer, un objet ou une partie du corps au lieu d'une personne. Le porte-jarretelles est un fétiche « classique » et pas grave !

Frigidité

Voir *Anorgasmie*.

Frustration

État d'une personne dont une tendance ou un besoin fondamental n'a pu être satisfait et s'est trouvé refoulé (complexe). On voit tout de suite combien l'échange sexuel, qui répond à un *besoin fondamental sentimental et physique*, s'il n'est pas bien vécu, peut faire d'un être pourtant « normal » au départ, un individu frustré, nerveux, voire haineux.

Les frustrations de l'enfance, qui n'ont pas été surmontées, relèvent de l'analyse psychologique et ne seront pas évoquées ici.

Habitudes (mauvaises)

Qu'on le veuille ou non, le rythme de la vie comprend des situations répétitives, dites « habitudes », dont Mark Twain disait : « *On ne se débarrasse pas d'une habitude en la flanquant par la fenêtre, il faut lui faire descendre l'escalier marche par marche !* », et nous pourrions préciser que c'est surtout le cas des « mauvaises habitudes »...

En amour, il faut éviter de laisser s'installer de fâcheuses habitudes qui auront vite fait de saper l'entente du couple. Dès que l'un des partenaires n'est pas d'accord ou lassé de certaines pratiques ou façons de vivre, *il faut le dire,* **en parler**, chercher le pourquoi, le comment et y remédier. Se méfier aussi de ce que les « bonnes habitudes » ne deviennent pas lassantes, routinières : il faut **varier les bonnes habitudes** pour qu'elles ne dégénèrent pas en mauvaises habitudes !

Impuissance

Comme les problèmes d'érection ou d'éjaculation précoce, l'impuissance masculine a des causes multiples physiques et psychologiques dont l'origine peut se trouver dans des traumatismes de l'enfance, une maladie ou un choc affectif de la vie d'adulte.

Si l'impuissance est soudaine, il faut essayer d'en déterminer la cause : choc sentimental (séparation, coup de foudre, moquerie ou mépris de la partenaire...), chagrin, maladie ou médication (en parler alors avec son médecin traitant), grande fatigue, problèmes professionnels (chômage...) ou pécuniaires, etc. Ce n'est pas grave mais il est recommandé, ne serait-ce que pour se rassurer, de consulter un médecin qui prescrira un repos, des « remontants », et tout devrait rentrer dans l'ordre sans problème. Il faudra cependant que la partenaire fasse preuve de patience, de gentillesse, en évitant absolument de le traiter en malade. Si cependant la cause n'est pas trouvée et si le problème perdure, consulter un sexologue.

Inappétence

En sexualité, ce terme désigne l'absence de désir, le manque d'attirance, voire le dégoût, pour les rapports sexuels. Il peut concerner Lui ou Elle et, comme pour l'impuissance, il faut en rechercher les causes et voir si elles sont liées à des aléas temporaires de l'existence ; si l'on ne peut déterminer causes et remèdes, consulter absolument un sexologue.

Cependant, il faut tenir compte dans ce domaine du « tempérament » (voir page 39), car l'envie sexuelle et la fréquence des rapports sont très variables d'une personne à l'autre. Si Lui ou Elle a besoin et envie de rapports fréquents que l'Autre ne partage pas, il y a dysharmonie des tempéraments et non pas inappétence.

Inceste

« Union illicite entre parents à un degré pour lequel le mariage est interdit » (Petit Larousse). Cette définition parfaitement froide et floue à force de se vouloir « juridique » est bien à l'image des derniers relents d'obscurantisme qui flottent encore lorsque l'on parle de ce sujet délicat.

Disons plus précisément que l'échange de caresses sexuelles (pouvant aller jusqu'à la phase coïtale) entre père/fille, mère/fils, frère/sœur, oncle/nièce, tante/neveu... fait partie des déviations sexuelles. Ce type de relations relève très souvent du viol (voir page 149), de l'agression sexuelle, et les perturbations psychologiques, physiques et familiales qui en découlent chez l'enfant qui les subit sont graves et néfastes. Que dire aussi de l'autre conjoint qui ne pourra être que très perturbé et meurtri s'il l'apprend ?

Il faut que l'adulte qui éprouve une telle attirance consulte un psychothérapeute, un sexologue, et que le jeune (ceci dès l'observation des premières « avances ») se confie à un médecin (de famille s'il en existe un) ou à un psychologue du Centre de planning familial de sa région (l'adresse peut être demandée à la mairie). Ces centres connaissent bien ces problèmes et sont à même de conseiller, d'aider, dans la neutralité et la discrétion d'un cabinet de consultation. Cela permet au jeune d'être plus à l'aise pour s'exprimer qu'auprès d'un membre de sa famille et lui garantit la discrétion indispensable afin de ne pas détruire une ambiance et des liens familiaux qui pourront, par la suite, redevenir tout à fait normaux.

Les conditions de vie actuelles dans notre société, où beaucoup de couples sont remariés ou vivent en concubinage après une rupture, font que certains jeunes sont agressés par le nouveau compagnon, la nouvelle compagne, de leur parent. Cette forme d'inceste, même si elle est hors des liens du sang, est tout aussi répréhensible, pénible à vivre pour l'enfant, et la loi qui punit l'inceste s'étend alors à celui ou à celle qui tient le rôle du nouveau conjoint. Il est alors considéré comme « parent adoptif » et ses responsabilités sont pleines et entières.

Inexpérience

Inhérente à la jeunesse, l'inexpérience n'est pas une tare, juste un inconvénient qu'il faut surmonter le plus rapidement possible. Il faut d'abord savoir que l'expérience s'acquiert au prix d'erreurs, de malentendus, de maladresses, voire d'échecs provisoires ; ne pas se polariser sur ce vécu pas toujours agréable mais, au contraire, faire en sorte qu'il serve l'avenir d'une façon positive.

L'expérience, c'est la connaissance acquise par une longue pratique jointe à l'observation, l'habileté, la réflexion, **fruit de l'inexpérience**.

Inhibition

Être inhibé exprime un malaise, une gêne à faire des actes normaux ou aborder certains sujets de conversation ou utiliser certains mots. Cette attitude, envers la sexualité, est assez courante chez certains enfants et jeunes, mais elle doit être surmontée pour faire place — dans l'âge adulte — à une sexualité saine, libre, dégagée de tout préjugé. Si une (ou des) gêne persiste, consulter un sexologue.

I.V.G.

Ce sigle signifie « interruption volontaire de grossesse » qu'une contraception sérieusement suivie devrait éviter, car elle présente bien des dangers. Elle constitue le dernier recours en cas de grossesse indésirable.

Maladresse

Littéralement ce mot veut dire « manque d'adresse » et dans la vie sexuelle des jeunes, la maladresse est bien involontaire car liée à l'inexpérience. Elle doit cependant rapidement disparaître ; elle devient inadmissible chez un adulte expérimenté.

Masochisme

Cette perversion est liée au sadisme et consiste à éprouver le plaisir sexuel dans les douleurs physiques ou morales infligées par le partenaire.

« Macho »

Ce mot à la mode désigne le mâle totalement égoïste, dominateur, qui veut tout régenter et n'accepte ni partage des responsabilités, ni discussion ouverte. Il sait tout, organise tout, régente tout, car il a toujours raison.

« Machette »

Le féminin est presque pire et la sonorité linguistique fait penser à ce sabre d'abattis appelé « matchette » (mot espagnol), qui exprime bien la terreur en jupon. Alors Messieurs : Courage, fuyez !...

Maladies vénériennes

Voir *M.S.T.*

Ménopause

C'est l'arrêt de la procréation chez la femme qui se situe généralement entre 40 et 55 ans. Les règles disparaissent, soit brusquement (à la suite parfois d'un choc émotif ou d'un accident...), soit d'une façon discontinue : 2 mois avec, 3 mois sans.

Il est indispensable d'être très bien suivie médicalement pendant cette période où de grands bouleversements perturbent la physiologie féminine : problèmes hormonaux, « bouffées de chaleur », nervosité, déprime, déminéralisation, douleurs (névrite, sciatique...), migraines, apparition de « taches » sur l'épiderme si l'on s'expose au soleil, problèmes circulatoires, etc.

Malgré ces désagréments diversement ressentis d'une femme à l'autre, il ne faut pas considérer la ménopause comme une maladie ; c'est la fin de la période de procréation, mais sûrement pas celle de la féminité ni du plaisir sexuel, et notre société médicalement très évoluée aide énormément les femmes à passer ce cap. La compréhension et la gentillesse du partenaire et de l'environnement familial et amical aident aussi beaucoup les femmes et c'est un minimum de savoir-vivre et de savoir-aimer que d'en tenir compte.

Psychologiquement, il faut d'abord être bien informée, et l'on sait maintenant que cette étape normale de la vie des femmes n'a rien de dévalorisant. Au contraire, sur le plan sexuel le désir tend plutôt à augmenter et les femmes, débarrassées des problèmes de contraception, d'éducation des enfants, etc., retrouvent même (beaucoup le disent) une âme de collégienne. C'est le cas de bien des femmes seules (veuves ou divorcées) qui vivent à 50 ans et plus, une nouvelle et bien meilleure vie sexuelle qu'à 20 ans.

Il faut le dire et le redire : la ménopause n'est pas une aliénation mais une **étape de la vie**. La femme *est elle-même* et non plus une cyclothymique tiraillée à hue et à dia tous les 28 jours (1).

Mensonge

A prohiber de la vie à deux car rien de valable, sur tous les plans, ne peut se construire sur le mensonge, la dissimulation. Mais il y a les « pieux mensonges » du genre « ne pas le dire... » cités au mot *Aversion* (page 149) qui font partie des mensonges « utiles ».

Mots

Dans les domaines sentimental et sexuel, il faut absolument savoir que les mots peuvent faire plus de mal (même traumatiser l'Autre) que des gestes ou des événements désagréables de la vie.

L'échange sentimentalo-sexuel harmonieux et équilibré implique le respect mutuel, donc un échange verbal tendre, affectueux, sensible, sensuel bien sûr mais dénué de vulgarité, de violence, de mépris, de méchanceté ou de vocabulaire ordurier. Se méfier également du mauvais humour qui n'est souvent que de la moquerie

1. Voir notamment les ouvrages : docteur Rozenbaum, *la Cinquantaine épanouie* (Laffont) et Thiriet et Kepes, *Femmes à 50 ans* (Le Seuil).

et qui peut être parfois, chez Lui, à l'origine de blocages de l'érection.

M.S.T.

Les maladies sexuellement transmissibles sont en recrudescence depuis une dizaine d'années dans le monde. En France, près de 400 000 nouveaux cas de blennorragie sont recensés chaque année, 40 à 50 000 femmes par an deviennent stériles, environ 10 000 cas récents de syphilis sont en cours de traitement ; l'herpès génital s'est propagé à une vitesse effarante et sa récidive fréquente est une gêne douloureuse qui, de plus, chez la femme enceinte, fait courir un danger pour le bébé au moment de l'accouchement.

Pour ces maladies, dès l'apparition sur les organes génitaux (également lèvres et langue) de rougeurs, petite(s) plaie(s), bouton(s), démangeaisons, plaques (même indolores et sans pus), **il faut que le couple consulte un médecin de toute urgence** car il est indispensable de soigner les partenaires en même temps ; c'est dans la rapidité d'intervention des soins que réside une guérison rapide et l'élimination des séquelles (stérilité, lésions nerveuses, etc.).

Quant au sida, la plus grave des M.S.T., s'il n'y avait en France que 12 cas en 1981, on en compte 1 632 au 31 mars 1987 (1) (cas déclarés et sans doute inférieurs à la réalité puisqu'on pense avoir franchi le stade des 2 000 en août et arriver à 3 000 à la fin de l'année 1987). Cette maladie infectieuse, due au virus de l'immunodéficience humaine, ou V.I.H. (H.I.V. en anglais), est sexuellement transmissible (sperme et sécrétions vaginales) ainsi que par le sang d'un sujet contaminé (sang sur petite plaie, échange de seringue, rasoir, brosse à dents...). Malgré les moyens scientifiques de recherche mis en œuvre et l'espoir qu'ils suscitent, les traitements et vaccins en sont encore au stade expérimental. Cette maladie est donc le plus souvent mortelle.

---

1. Chiffres émanant de la Direction générale de la santé (Sous-direction de la prévention générale et de l'environnement) : 1, place de Fontenoy, 75007 Paris.

Outre les personnes malades, on estime à plus de 200 000 le nombre de *séropositifs* en France, c'est-à-dire que la plupart de ces « porteurs de virus » ne sont pas des malades (et même l'ignorent) mais peuvent transmettre le virus aux autres ; aussi faut-il impérativement qu'ils prennent des précautions draconiennes et informent leurs partenaires tant pour les autres que pour eux-mêmes afin qu'ils ne puissent être réinfectés. La contamination la plus fréquente a lieu lors d'une relation sexuelle, l'autre grande cause étant l'échange des seringues infectées entre toxicomanes. La mise en place, en août 1985, d'un test de dépistage dans les Centres de transfusion sanguine, a permis d'éliminer la contamination par les transfusions de sang.

Le gros problème pour les femmes séropositives est qu'au cours de leur grossesse elles peuvent contaminer l'enfant et les spécialistes pensent que 50 % de leurs bébés seront porteurs du virus. On comprend ainsi combien ce fléau est une menace pour chacun, chaque famille, et pour l'avenir de l'humanité.

Il est donc URGENT que la progression de la contamination par le sida cesse ; **ceci est possible** car cette maladie ne se propage pas comme une infection contagieuse (grippe, par exemple) ; elle est — par chance — une **maladie à risque évitable dont la responsabilité incombe à chacun** en changeant ses habitudes sexuelles. Il faut prendre conscience que « *l'amour kamikaze* » *c'est fini* car le jeu n'en vaut vraiment pas la chandelle !

Les précautions relèvent d'ailleurs du simple bon sens. Il faut absolument éviter tout contact entre les liquides transmetteurs du virus (sperme, sécrétions vaginales, sang, salive dans le contact bouche-organes génitaux) avec les muqueuses (vagin, verge, anus, bouche) et les préservatifs sont, à cet égard, très précieux. Il faut donc impérativement les utiliser lorsqu'on n'est pas sûr de son (sa) partenaire.

Rappelons ici que la recherche de la qualité dans les rapports amoureux par la connaissance, l'estime, la tendresse, l'amour de l'Autre, est plus épanouissante que le « papillonnage » avec des inconnus et, bien sûr, diminue le risque de rencontrer un sujet infecté (voir *Partenaire occasionnel*).

Si vous avez eu des rapports avec des partenaires occasionnels et que vous ayez des craintes, vous pouvez demander à votre médecin de faire un test de dépistage (remboursé par la Sécurité sociale), mais il faut savoir que les anticorps ne sont pas décelables dans le sang avant 4 à 12 semaines après un contact infectant. Si le test est négatif (séronégatif), bien veiller à ne pas se faire infecter.

La propagation des M.S.T. est inadmissible à notre époque soi-disant évoluée, et les raisons généralement invoquées pour expliquer cette recrudescence (liberté sexuelle, migration, tourisme...) ne sont que des aspects secondaires dont les véritables causes sont en fait plutôt à rechercher dans l'indifférence vis-à-vis des partenaires, l'insouciance envers les symptômes, les réticences à consulter un médecin... bref cet égoïsme et cette irresponsabilité qui ne s'expriment que trop dans les relations humaines et pas seulement dans le domaine de la sexualité.

Mufle

Ce terme désigne la plupart du temps un monsieur sans scrupules, dénué de tendresse, aux tendances grossières et brutales mais qui, parfois, ne transparaissent pas à première vue et disparaissent même sous une bonne couche de « vernis ». Il faut donc être attentive, lorsque le vernis craque, à déceler la véritable nature du mufle et ne pas hésiter à « le jeter aux orties » !

Pour débusquer le mufle, Madame, Mademoiselle, il existe une recette valable, dite « Bi-test mufle ». Il suffit en effet de partir avec Lui en voiture dans le Midi (ou ailleurs, mais faire au moins 600 ou 800 km), de préférence un week-end « chargé » ; du côté de Valence, peut-être même dès le tunnel de Fourvières, vous aurez déjà une petite idée de la « probabilité de muflerie » de votre compagnon. A destination, si vous ajoutez au « test du comportement en voiture » le « test du comportement sexuel », vous aurez alors suffisamment de données positives ou négatives pour savoir *qui il est !*

« Muflesse »

Mais oui, elles existent ! C'est très vilain au féminin (qui d'ailleurs n'existe pas !). La « muflesse » confond liberté et provocation, conversation et parler ordurier, franchise et indélicatesse. Gentil Monsieur, même si elle est très jolie, fuyez !

Partenaire occasionnel(le)

Les relations sexuelles avec des partenaires occasionnels se sont de plus en plus répandues depuis quelques années et sont l'une des grandes causes de la propagation très inquiétante des M.S.T., notamment du sida. Il faut que chacun en tienne compte dans sa vie personnelle et non en pensant que c'est « aux autres de commencer » ou que « les ennuis n'arrivent qu'aux autres ». C'est vraiment faire preuve d'immaturité, d'inconscience et beaucoup, malheureusement, ont appris à leurs dépens ce qu'il en coûte d'être imprévoyant ou imprudent dans ce domaine.

Une campagne est actuellement menée pour promouvoir l'utilisation des préservatifs ; c'est très important en effet mais, parallèlement, on aurait peut-être dû expliquer que la sexualité harmonieuse, le véritable érotisme, ne résident pas dans ce type de relations superficielles qui ne permettent d'ailleurs pas d'acquérir vraiment une bonne expérience des caresses et du coït bien partagés (voir *le Jardin des délices*, et plus spécialement les paragraphes *Caresses* et *Positions*). Trop de jeunes (et de moins jeunes...) « baisouillent » en croyant aimer, prenant ainsi de mauvaises habitudes (voir ce mot), et trop de jeunes filles, « mal baisées », sont déçues et se croient « frigides ».

En sexualité, comme pour les voitures, se méfier des « occasions ».

Pollutions nocturnes

Pendant le sommeil, émission involontaire de sperme, provoquée par la tension sexuelle. Elles commencent à la fin de la puberté, jusqu'à l'âge adulte. Il ne faut pas que le jeune garçon s'en inquiète ni s'en culpabilise ; ces émissions sont tout à fait normales. Filles et garçons, et plus tard adultes (lorsqu'ils n'ont pas une vie sexuelle régulière) ont d'ailleurs pendant leur sommeil des orgasmes tout à fait naturels, déclenchés par des rêves érotiques.

Pornographie

Devant le développement et la banalisation de la pornographie, il n'est pas inutile de rappeler ici qu'elle relève plus du comportement pathologique et des déviations sexuelles que de la vie amoureuse. L'obscénité, la brutalité, la vulgarité, la provocation dont elle procède n'ont rien à voir avec la recherche harmonieuse de partage et d'épanouissement de la relation d'amour. Les phantasmes obsessionnels généralement décrits révèlent en fait des problèmes, des blocages du Moi profond.

Pour les jeunes, il faut vraiment se méfier des films et de la littérature pornographique qui, outre le langage souvent ordurier et débile, véhiculent des pratiques sexuelles totalement fausses allant à l'encontre de la réalité anatomique et physiologique.

La pornographie n'a rien à voir avec l'Art d'aimer et ce n'est certainement pas dans sa littérature qu'il faut chercher une information.

Règles

Voir 4e partie : *Mots clés et expressions.*

Règles douloureuses

Le flux menstruel occasionne parfois des troubles, et notamment des douleurs, des contractions, qui peuvent être très aiguës. Il existe maintenant des médicaments très efficaces pour soigner ces problèmes et si le traitement ne donne pas les résultats escomptés, il ne faut pas hésiter à le dire à son médecin qui modifiera le traitement, ou à changer de médecin si le traitement prescrit (et bien suivi) n'apporte pas d'amélioration.

Les règles douloureuses peuvent se produire une fois de temps en temps et survenir tout simplement si Elle a eu très froid juste avant ou pendant le flux sanguin (bains de mer trop froids, au ski, si l'on est insuffisamment couvert...), ou d'une façon à peu près systématique tous les mois ; dans ce dernier cas il faut absolument consulter un bon gynécologue car les causes peuvent en être multiples et sont souvent liées à des problèmes physiques ou psychologiques personnels ou du vécu du couple. Il n'est en effet pas rare de voir des femmes dont les douleurs menstruelles ont cessé lorsqu'elles ont divorcé ou rompu une relation malheureuse.

Il faut bien sûr vivre normalement ces deux à quatre jours, mais en prenant quelques précautions car, surtout si le flux est abondant, il y a un peu de fatigue qui vulnérabilise la femme.

Routine

La routine, qui signifie « faire les choses de la même manière », participe des mauvaises habitudes ; il faut être vigilant dans la vie sexuelle comme dans la vie tout court et ne pas sombrer dans une routine préjudiciable à l'entente, la fraîcheur, la joie de vivre du couple (voir paragraphe *Imagination*, page 105).

Séparation

C'est toujours une pénible décision à prendre, mais qui peut parfois être absolument nécessaire et qui ne se décide qu'après une longue et objective réflexion, de patients efforts, le plus calmement possible, avec l'aide d'amis ou de parents sûrs et très objectifs. En parler à deux, en essayant d'être tout à fait honnêtes, en évitant les scènes, les cris, les reproches jetés à la figure de l'Autre et qui, en fait, ne traduisent que les difficultés, les problèmes que l'on n'avait pas eu le courage de régler au fur et à mesure du déroulement de la vie. Il faut donc *parler,* essayer de voir si les motifs du « ras-le-bol » sont vraiment insurmontables et ne pas hésiter, après une bonne mise au point, à refaire un essai sur de nouvelles bases.

Si réellement les griefs sont trop importants et s'il n'y a plus le désir de faire les efforts normaux inhérents à la vie à deux, ou si on est trop éloigné l'un de l'autre au fil des années (c'est assez courant) ou si l'amour est mort, alors prendre la décision de la séparation, mais le faire le plus proprement possible, pour soi-même, pour l'Autre et surtout pour les enfants s'il y en a.

Sadomasochisme

Perversion sexuelle qui consiste à trouver le plaisir sexuel dans les douleurs physiques ou mentales infligées et reçues.

Stérilité

Chez la femme ou chez l'homme, impossibilité de procréer. Les causes sont multiples et la médecine a fait d'énormes progrès dans ce domaine, par exemple la fécondation *in vitro*... Mais, le plus souvent, la difficulté de procréer, chez Lui ou chez Elle, provient d'ennuis divers et variés assez bénins que les médecins soignent très bien.

Tabagisme

Voir *Drogue*.

Tricherie

Le dicton « *Souffler n'est pas jouer !* » dit bien la malhonnêteté qui s'infiltre dans la relation humaine par la tricherie. Dans ces conditions, la vie n'est, en effet, pas jouable, sur aucun plan, et cela voue notamment l'entente sexuelle à la mésentente, voire à l'échec (blocages divers).

Usure des couples

C'est le résultat d'une lente détérioration qui s'installe insidieusement tout au long des mois et des années dans la vie commune du couple. Il faut en prendre conscience, y veiller, *y remédier* par des conversations, des mises au point constructives et non par des scènes, reproches ou criailleries négatives.

Charles Aznavour chantait, il y a quelques années : « *Tu t'laisses aller...* », et cette jolie chanson réaliste a fait réfléchir à l'époque plus d'une femme qui ont écrit à l'auteur pour le remercier. Le secret de « l'antiusure », c'est simplement de veiller sur soi-même, sur l'Autre, sur l'Amour qui, s'il n'est pas entretenu, dépérit. **Il faut refuser le laisser-aller,** pour soi-même d'abord en évitant la détérioration physique (alcool, tabac, excès alimentaires, etc.), le laisser-aller moral (défaitisme, esprit caustique, la fameuse « sinistrose »...) et la paresse intellectuelle qui génère le désintérêt, les routines... bref, toutes ces actions, pensées, négatives et nuisibles à l'harmonie et au bonheur.

Vaginisme

Blocage psychologique agissant sur les muscles entourant le vagin de telle sorte qu'il est souvent quasiment impossible d'introduire le pénis. Il faut absolument consulter un bon sexologue pour ce trouble du comportement qui se guérit très bien.

Voyeurisme

Déviation sexuelle consistant à prendre son plaisir en regardant (souvent en cachette) l'échange sexuel d'un autre couple.

Viol

Ne doit jamais être confondu ou assimilé à un acte sexuel normal. C'est une *agression,* un acte de violence qui émane d'une brute ou d'un malade et n'a donc rien à voir avec la relation humaine et sexuelle normale.

Si problème, s'adresser à Viol femmes information (tél. : (1) 05-05-95-95 : appel gratuit de toute la France).

Zoophilie

Déviation consistant à avoir des rapports sexuels avec des animaux.

SATHE

QUATRIÈME PARTIE

Mots clés et expressions

SATHE

Acte sexuel : c'est la « Mélodie du bonheur », depuis les caresses jusqu'à l'accouplement (le coït), par introduction de la verge dans le vagin.

Active (attitude) : dans l'échange amoureux, les caresses, les baisers, celui ou celle qui prend l'initiative, la position « audessus ». Positions active et passive s'échangent spontanément chez les partenaires expérimentés et qui se connaissent bien.

Adolescence : un mauvais moment à passer, disait un humoriste, entre l'enfance et l'âge adulte, qui correspond à une période de difficultés psychologiques (et dont Elle retrouvera quelques « échos » à la ménopause), où l'affectif et l'émotionnel explosent et rendent la jeune fille, ou le jeune homme, instable, irritable, mélancolique, mais aussi enthousiaste, entreprenant, devant la vie d'adulte qui ouvre ses portes.

Surtout ne pas en faire un drame et essayer, dans la relation parents-enfant, de vivre avec tolérance et respect cet affrontement de deux générations où le jeune rejette l'autorité parentale qui s'était exercée tout au long de l'enfance. Il faut voir avec lucidité que la plupart des conflits actuels viennent, entre autres, du fait que les jeunes restent trop longtemps auprès de leurs parents (études longues, chômage...) d'où des frictions « au quotidien » qui disparaissent lorsque les oisillons quittent le nid et s'assument sur tous les plans. Il est amusant de constater que mammifères et oiseaux, le temps de l'éducation achevé, rejettent littéralement leurs rejetons, alors que les humains ont plutôt en général la tendance inverse...

Adulte : être effectivement adulte n'est pas une question d'âge, mais d'attitude face à soi-même, aux autres et aux événements de la vie. C'est d'abord se commander à soi-même, agir et non attendre quelque chose de l'Autre, des autres et de la société.

Aimer : nous nous bornerons à citer ici ce petit paragraphe d'Abel Bonnard *(Savoir aimer)* qui dit en quelques phrases l'essentiel de ce que renferme ce verbe qui meut la vie : « *Aimer, c'est s'augmenter en s'oubliant. C'est échapper par un seul être à la médiocrité de tous les autres. C'est être plus seul pour avoir tenté de l'être moins. C'est redevenir comme tout le monde en s'imaginant qu'on devient comme personne. C'est donner rendez-vous au bonheur dans le palais du hasard.* »

Amour : « *La mesure de l'amour, c'est d'aimer sans mesure* » (saint Augustin), et il est vrai qu'aimer implique la démesure dans la générosité, l'ouverture... et en tout cas l'absence de mesure au sens concret du terme car qui commence à calculer, discuter, comparer, compter, ergoter, critiquer à tout bout de champs n'a guère de capacité d'écoute et, finalement, n'aime que lui-même. Si l'Autre, de plus, adopte la même attitude, alors « bonjour les conflits » ! Être adulte en amour c'est savoir « faire la part des choses » dans le duo, dans la vie ; bien sûr, le ou la partenaire se doit de renvoyer l'ascenseur.

Sur le plan sexuel, ce qui vient d'être dit est tout à fait valable, car « faire l'amour » c'est « *beaucoup d'amour* » et (tout de même) aussi du « savoir-faire ».

Aphrodisiaques (plantes) : substances qui ont la propriété d'agir, d'exciter et de soigner les fonctions sexuelles (voir paragraphe *Aphrodisiaques,* page 127).

Art d'aimer : comme la citation de Florent Fels (page 61) l'indique si bien, l'Art d'aimer génère l'Amour dans l'Art par ce souffle puissant et vivifiant qui est le moteur, l'*anima* de la vie et la puissance créative qui est en elle.

En Orient, il y a belle lurette que la notion « d'Art d'aimer » est admise, vécue, consignée dans une littérature qui nous est enfin parvenue (voir, notamment, *le Tao de l'Art d'Aimer*). A chaque couple de vivre *son* art d'aimer, avec amour, bonheur, imagination, créativité, sans négliger l'aide que peut apporter l'expérience plurimillénaire qui nous a été léguée par les anciennes civilisations et que la jeune civilisation occidentale du XXIe siècle découvre actuellement.

Attitude(s) : voir *Active.*

Baiser (le) : en amour, il est vrai qu'un baiser en dit souvent davantage qu'un long discours. Le jeu délicat des lèvres et de la langue, combiné à la succion, sont une invite érotico-sensuelle à l'amour, et la variété des baisers est présente tout au long de l'acte amoureux (voir paragraphe *Baisers,* page 70).

Baiser (verbe) : ce mot, au sens ancien, décrivait l'action d'embrasser avec la bouche l'épiderme (joue, bouche, main...). De nos jours, il a pris une connotation un peu vulgaire et est maintenant de plus en plus employé pour parler du coït. Il faut pourtant reconnaître que « baiser » est beaucoup plus joli que « coïter » ou « copuler »...

Baisouiller : action de « mal baiser », fast-love... Pour les jeunes, il vaut mieux pratiquer une « caresses-partie » plutôt que de « baisouiller ». Pour les adultes : inadmissible !

Bisexualité : disposition de celui ou celle qui a des relations sexuelles avec le sexe opposé aussi bien qu'avec une personne de son sexe.

Bouche : zone érotique et érogène qui participe à la sexualité par les baisers, les caresses, et l'analogie avec la vulve en fait un « organe androgyne » tout à fait évocateur et très érotique (voir paragraphes *Baisers,* page 70, et *Caresses,* page 74).

Bourses : désigne le scrotum masculin (peau qui enveloppe les testicules).

Caresses : toute la gamme des attouchements qui manifestent l'amour, le désir de l'Autre dans l'échange des contacts épidermiques, manuels, buccaux... Ce sont les prémices importantes et obligatoires qui conduiront à un véritable « échange sexuel » et non à un « coït bâclé » qui n'épanouira ni Lui, ni Elle, et dont l'absence ou la trop brève durée font croire à trop de femmes qu'elles sont frigides (voir *Anorgasmie*).

Les caresses sont la manifestation du « don d'amour » sans lequel l'acte sexuel n'est même pas une gymnastique (voir page 74 et suivantes).

Caresses-partie : cette expression, explicitée page 86, est non seulement un élément des prémices de l'amour, mais un échange sentimentalo-affectif tout à fait valable lorsque les circonstances de la vie font que le coït avec pénétration ne peut être pratiqué dans de bonnes conditions (maladie, accident, grossesse...).

Cerveau : oui, le principal organe sexuel est le cerveau ! Ce poste central de commande possède, en effet, la clé de bien des problèmes sexuels qui sont coincés quelque part dans son labyrinthe. Psychologues et sexologues sont heureusement là pour débloquer les commandes et ramener la paix du corps et de l'âme.

Chromosomes : le noyau de la cellule est constitué de 23 paires de bâtonnets microscopiques qui sont porteurs de l'hérédité. Un élément de chaque paire provient du père, l'autre de la mère.

Circoncision : opération rituelle dans certaines traditions (juive, musulmane) qui consiste à sectionner le prépuce de la verge. Elle se pratique en France lorsqu'il y a un problème médical (traitement du phimosis).

Clitoris : bien encapuchonné par la jonction des petites lèvres, le clitoris est au féminin ce que la verge est au masculin et son équivalent sur le plan de la volupté, du plaisir. Mais il est très fragile, et s'il est mal caressé, se refuse absolument à l'érection. A manier donc avec précaution et en tenant bien compte, au début d'une relation, des indications qu'Elle devra impérativement donner à son partenaire, car les réactions et sensations éprouvées varient d'une femme à l'autre.

Coït : c'est la phase « en pénétration » de l'acte sexuel qui ne se pratique que lorsqu'Elle est totalement dilatée, offerte, et dont le bon déroulement dépend de ce que Lui maîtrise bien la situation et notamment l'éjaculation. Il peut alors durer longuement dans un merveilleux échange des émotions et des sensations. Un repas de gala ! et non un fast-love qui consistera en quelques minutes masturbatoires pour Lui et précipitera tout droit sa partenaire dans la pseudo-anorgasmie (voir paragraphe *la Mélodie du bonheur,* page 108).

Contraception : ce terme regroupe l'ensemble des moyens modernes qui permettent de ne pas concevoir d'enfant lors des rapports sexuels. Certains moyens contraceptifs ne sont pas très fiables, mais peuvent cependant convenir, par exemple après 45 ans (pour Elle), lorsque le taux de fécondation décroît mais que les cycles sont très réguliers, ou lorsque la pilule ne peut être prescrite pour des raisons médicales. A ce moment-là, on peut « associer » plusieurs moyens contraceptifs en ayant soin de toujours bien savoir à quel moment du cycle se situe le rapport.

Contraception féminine : si Elle est très bien réglée, la « période à risques » se situe généralement entre le 8e et le 22e jour après le premier jour des règles précédentes. C'est la « méthode Ogino », que l'on peut affiner en utilisant conjointement la « méthode des températures » et qui consiste, pendant cette période, où la ponte ovulaire va se produire, à prendre au réveil (avant de se lever) sa température et à la noter sur une fiche. Lorsque l'ovulation s'est produite, la température s'élève brusquement d'un demi-degré. A partir de ce « pic » thermique, et sachant que la survie de l'ovule est de 48 heures, passé ce délai Elle est absolument sûre de ne pouvoir être fécondée jusqu'au prochain cycle. Mais *attention,* s'il est facile de déterminer la période stérile *après* l'ovulation, *avant* c'est beaucoup plus compliqué car il n'y a pas d'indication de préovulation. On pourra seulement trouver une « fourchette » après une bonne série de prises de température (au moins 1 an). Il faut donc calculer assez largement pour qu'il n'y ait plus de spermatozoïdes dans les voies féminines (durée de survie : 24 à 48 heures).

Si, même conjointes, ces deux méthodes ne sont pas des méthodes de contraception fiables, elles ont le grand avantage d'apprendre à la femme à se connaître physiologiquement, physiquement et psychologiquement en observant, au travers de son rythme personnel, les réactions, impulsions, états d'âme que ce grand cycle naturel aura sur Elle pendant plus de 30 années, jusqu'à la ménopause.

Lorsqu'on a bien déterminé sa période « critique », il faut évidemment utiliser des moyens contraceptifs et voir avec son gynécologue celui qui conviendra le mieux. Il ne faut pas hésiter à associer, par exemple, gel spermicide + préservatif, ces deux moyens étant, en outre, vivement recommandés dans la lutte contre la propagation des M.S.T. Les gels sont, en effet, « désinfectants » et ont donc une action bactéricide, mais pour ce qui est du sida, la preuve n'a pas été faite de leur efficacité ; même si des expériences de laboratoire ont montré que des virus ont été détruits, il vaut mieux rester prudent et recourir aux préservatifs.

Le moyen contraceptif le plus fiable est évidemment « la pilule » (efficacité 100 %) et l'éventail de choix dans les dosages permet au gynécologue de prescrire celle qui convient le mieux. Il faut toujours se rappeler qu'*un suivi régulier est impératif* pour toute contraception (pilule, stérilet...) et que l'association pilule-tabac est néfaste pour l'organisme (aussi, bien sûr, pilule-alcool, pilule-drogue).

Parmi les autres moyens contraceptifs, citons le stérilet (efficacité 98 %) qui exige un suivi très sérieux et notamment de voir au plus tôt son gynécologue si l'on observe des pertes ou des contractions (risque d'infection, rare cependant).

La « pilule de lendemain », trop peu utilisée en France, est pourtant le moyen de pallier certaines catastrophes, notamment pour les jeunes filles non contraceptionnées à qui il peut arriver une aventure imprévue, et pour les femmes seules qui ont stoppé (notamment pour des raisons médicales) leur contraception et qu'un coup de foudre a précipité dans les bras d'un monsieur qu'on n'attendait pas, ou plus... et également en cas de viol. Les jeunes filles et femmes non contraceptionnées devraient se faire prescrire cette pilule, uniquement dans le but de l'avoir « en réserve », et ne l'employer que si le rapport sexuel inattendu se situe en période fécondable du cycle. Il n'est pas question de l'utiliser comme « moyen de contraception », car elle présente des inconvénients, mais *comme un moyen de secours exceptionnel,* tout de même bien moins néfaste qu'une I.V.G. Elle doit être prise dans les 24 heures qui suivent le rapport.

Lorsque la contraception a été négligée et qu'un rapport a eu lieu en période fécondable, dès que l'on constate un retard dans la venue des règles, on peut voir avec son gynécologue s'il est possible de faire une *aspiration des règles.* Celle-ci est exécutée par un médecin *jusqu'à 8 jours de retard* des règles. Le contenu de l'utérus est tout simplement aspiré, mais cette intervention est surtout valable pour les femmes ayant des règles très régulières.

Contraception masculine : les recherches menées dans ce domaine depuis de nombreuses années ont débouché sur une médication, la « pilule pour homme », qui est utilisée par un nombre de plus en plus important d'hommes. Il est moins facile d'agir sur l'appareil génital masculin que sur le cycle menstruel féminin, mais la science progresse. Pour les couples, lorsqu'Elle ne peut pas prendre la pilule et ne peut plus assumer une grossesse, la pilule pour homme est la solution permettant une vie sexuelle normale et épanouie (1). Comme pour les femmes, un suivi régulier par le médecin est impératif.

Le préservatif est l'autre moyen contraceptif masculin, mais il faut dire qu'il a une efficacité « relative » (il est quelquefois mal « posé »), surtout pendant la période à risques d'ovulation.

Un petit mot sur le simple « retrait » prééjaculatoire que l'on ne peut vraiment classer comme méthode contraceptive. Il présente,

---

1. Si l'on est intéressé par cette méthode contraceptive, le mieux est de s'adresser à l'hôpital Bicêtre (voir *Adresses utiles* en fin d'ouvrage).

en effet, beaucoup de risques, même si Lui contrôle bien son éjaculation. Sa pratique en période d'ovulation débouche trop souvent sur une grossesse indésirable et, le reste du cycle, elle ne présente aucun intérêt.

Coup de foudre : c'est la rencontre choc soudaine, inattendue, de deux êtres dans un amour fou. Il peut être « feu de paille » et s'éteindre en quelques semaines, en quelques mois, pour les deux partenaires ou — et c'est plus triste — pour l'un seulement, ou bien alors durer en devenant de plus en plus solide au fil des ans.

De toute façon, on ne choisit pas, le coup de foudre arrive, une fois, deux fois, trois fois... ou jamais ; il n'y a pas de règle. Se méfier cependant de soi-même si on s'amourache trop souvent, trop vite ; cela relève, en effet, de l'illusion, d'un manque de réalisme dangereux pour l'équilibre du sensible. Il faut savoir que l'amour est un sentiment rare, qui se cherche, se gagne et ensuite se défend, et ne pas confondre l'attirance physique (ou autre), la sympathie, l'affection, voire la camaraderie tendre, avec ce sentiment généreux et profond qui, lorsqu'on l'éprouve, donne une nouvelle dimension à la vie.

Couple : lorsqu'on a la chance d'en former un, il faut avoir conscience de la rareté et de la fragilité inhérentes à l'association amoureuse ; s'il n'y a pas de recette miracle de longévité à appliquer dans ce domaine, il faut cependant dire que la tendresse, la gentillesse, les efforts, le respect, la gaieté et un bon partage sexuel sont, depuis toujours, quelques bons ingrédients qui aident à la réussite du duo amoureux.

Coutumes : comme pour les habitudes, il y en a de bonnes et de mauvaises ; alors après expérimentation et réflexion, respecter les premières et jeter les autres aux orties.

Un critère simple, pour savoir si une coutume est valable, c'est de voir si cela va vers l'ouverture, l'épanouissement, le positif du vécu individuel et collectif. S'il y a limitation, blocage, perturbation, on est à peu près sûr que la coutume est mauvaise.

En sexualité, il faut savoir qu'en Occident, nous sommes héritiers d'une société qui n'a pas tellement œuvré pour l'épanouissement des sensibilités dans ce domaine. Heureusement, et il faut le dire, grâce au souffle frais apporté par la découverte de la sexualité ancienne orientale (Chine, Inde, notamment), et aux progrès de la science (contraception...), la vie amoureuse des Occidentaux s'est beaucoup améliorée et bien des tabous ont été jetés à bas depuis quelques décennies. Mais rien n'est jamais gagné et des idées fausses subsistent, comme par exemple le mythe de « l'orgasme-conjoint » qui bloque tant de femmes, les prémices trop courtes, l'orgasme « vaginal » (le vagin est un muscle qui ne comporte pas de terminaisons nerveuses (sauf l'entrée) et s'il se contracte c'est par résonance du plaisir ressenti par les zones érogènes primaires : clitoris, lèvres, seins).

Un mot au sujet d'une coutume africaine qui se pratique en France bien qu'elle soit interdite par la loi : il s'agit de l'excision du clitoris. Cette barbarie consiste à mutiler les fillettes en les « castrant » de leur clitoris et, outre le fait qu'on les condamne à ne plus éprouver de plaisir, cette opération, faite dans des conditions d'hygiène déplorables, est à l'origine d'infections graves.

Cunnilingus : caresses buccales du sexe féminin par un homme (voir page 87). Tous les mammifères pratiquent cette caresse qui stimule et excite le mâle et la femelle et est utile pour la suite de l'acte sexuel. C'est une caresse naturelle, délicieuse et très utile pour Elle, à qui il faut un temps de mise en condition plus long que Lui.

Cycle menstruel : chez la femme, l'ensemble des phénomènes partant du jour des règles jusqu'à la ponte de l'ovule (environ 14 jours) qui, lorsqu'il n'a pas été fécondé, provoque la venue des règles 14 jours plus tard. Il est important pour chaque femme de bien connaître son propre cycle menstruel (long, court ou moyen = 28 jours) et les réactions et manifestations physiques et psychologiques qui se manifestent tout au long de son déroulement (voir paragraphe *Rythmes et conditionnements,* page 42).

— Sur le plan *psychologique,* la fin du cycle (quelques jours avant les règles) est souvent un moment d'énervement, de déprime, que le couple doit connaître pour éviter une dramatisation des relations pendant cette période. Tout au long de son « cycle de reproduction » (30 à 40 ans), la femme est, en effet, une cyclothymique ; ne pas en tenir compte fait montre d'ignorance.

— Sur le plan *physique,* la fin du cycle peut déclencher un gonflement douloureux des seins (problèmes hormonaux), éventuellement suivi de règles douloureuses. Il faut consulter un gynécologue et soigner ces ennuis dès leur apparition.

— Sur le plan du « *Connais-toi toi-même* », on ne peut plus vivre, à notre époque et dans notre société, dans l'indifférence et l'ignorance du cycle menstruel. Pour trop de raisons, il est indispensable que Lui et Elle acquièrent un minimum de connaissances pour mieux vivre à deux, mieux comprendre l'Autre, organiser sa vie et sa sexualité dans ce cycle. Il est notamment très important d'apprendre à « ressentir » la ponte ovulaire (et lorsqu'on a fait l'effort de prendre sa température pendant quelques mois, cela se ressent très bien), et cette « écoute » jointe à la « méthode des températures » et à d'autres moyens contraceptifs tels que préservatifs, gels spermicides, etc., peut être d'une grande aide pour les femmes ne pouvant être contraceptionnées par la pilule ou le stérilet.

Cycle du plaisir, cycle d'amour : ces deux termes — qui expriment le déroulement de l'acte sexuel, de l'envie aux prémices, de la pénétration à l'orgasme jusqu'à la phase dite « de résolution » — expriment avec plus de précision l'enchaînement des causes et des effets du processus amoureux que le mot « acte », trop restrictif et traduisant très mal le déroulement indispensable d'un certain nombre d'actions nécessaires au bon échange entre les partenaires (voir paragraphe *la Mélodie du bonheur*).

Désir sexuel : c'est l'envie irrésistible d'une fusion avec l'Autre, un souhait ardent, parfois contenu, attendu, ou impulsif ou inattendu (lors d'un coup de foudre, par exemple). Ce peut être aussi, plus pragmatiquement, l'envie de « faire l'amour en passant », qui détend mais ne laisse pas vraiment de souvenir impérissable, mais en revanche peut laisser quelques microbes si on a oublié ses préservatifs (voir ce mot). Aussi, quel que soit le sexe, si on a « du tempérament », il vaut mieux avoir toujours dans son sac ou sa sacoche une boîte de préservatifs.

Éducation sexuelle : éduquer c'est informer, exposer, développer, montrer un ensemble de connaissances sur un certain nombre de plans, afin que le néophyte puisse être suffisamment informé pour se lancer dans une pratique avec le maximum de chances de la mener à bien. On voit tout de suite comme à notre époque encore, au niveau des parents, des éducateurs et des médias, l'éducation sexuelle des enfants et des jeunes est fragmentaire, hypocrite, ne reflétant pas grand-chose des réalités (quand finiront les ridicules études anatomiques de batraciens... entre autres !).

Nous espérons que ce livre, écrit dans l'intention de le mettre « entre toutes les mains », soit une petite contribution à une réelle « information sexuelle ».

Effeuillage : se dit lorsqu'on arrache un à un les pétales d'une marguerite (je t'aime, un peu, beaucoup...) et, dans les boîtes de strip-tease, lorsqu'une « effeuilleuse » se déshabille le plus joliment et le plus sensuellement possible.

Dans un couple, se pratique chez soi (ou ailleurs, mais alors gare aux voyeurs !) au cours des « jeux amoureux » qui font partie des nécessaires prémices joyeuses de la vie sexuelle. S'effeuiller ensemble ou séparément, un peu, beaucoup... passionnément en tout cas.

Éjaculation : pour Lui, phase terminale du coït ou d'un échange de caresses, par projection du sperme en jets saccadés. Ce « feu d'artifice » qui conclut l'acte d'amour peut contenir jusqu'à 700 millions de spermatozoïdes !

La maîtrise et le contrôle de l'éjaculation sont impératifs pour une vie sexuelle harmonieuse (voir paragraphe *Pénétration,* page 112, et *Maîtrise de l'éjaculation,* page 118). Il faut aussi mentionner qu'en Orient, on dissocie orgasme et éjaculation, ce qui permet à Lui de « mieux tenir la durée » et de pouvoir pratiquer plusieurs coïts consécutifs si sa partenaire le désire, en se fatiguant moins.

Pour Elle, jaillissement orgasmique avec émission de glaire qui, au summum du plaisir, inonde le partenaire (débit variable d'une femme à l'autre).

Éjaculation précoce : l'un des grands sujets de la mésentente sexuelle des couples. A dominer absolument, à deux et avec l'aide d'un sexologue (voir paragraphe *Maîtrise de l'éjaculation,* page 118).

Embryon : jusqu'au 3e mois de la gestation, le futur bébé est appelé embryon.

Enfants : vouloir un (ou des) enfant(s) marque une étape importante dans la vie d'un couple, et l'un des grands acquis de la contraception est de laisser à chaque couple le choix de procréer à un moment favorable, lorsque après une tranche de vie commune il a pu voir que l'entente était bonne et, plus prosaïquement, organisé une vie matérielle favorable (logement, mobilier, revenus...). Il n'est plus à démontrer qu'il existe un « moment favorable » pour la venue des enfants qui est aux antipodes des « bébés catastrophes » d'il n'y a pas si longtemps.

Envie : voir *Désir.*

Érection : l'excitation du pénis chez Lui, du clitoris chez Elle (aussi vulve et seins) se traduit par la vascularisation, le gonflement et le raidissement de ces organes où, par son apparence, le pénis est « hors concours » !

Éros (Cupidon) : dans la mythologie grecque (romaine), le dieu de l'Amour, fils d'Aphrodite-Vénus et de Zeus-Jupiter. Représenté sous les traits d'un enfant ou d'un adolescent, il s'adonne à mille tours et jeux qui tourmentent la vie sentimentale des dieux et des humains. Cet amour tourmenteur est pourtant l'énergie qui meut la vie ici-bas, et Voltaire disait *(Poésies mêlées) :*

« Qui que tu sois, voici ton maître
Il l'est, le fut, ou doit l'être. »

Érogènes (zones) : toutes les parties du corps qui réagissent aux sollicitations caressantes (voir paragraphe *Caresses,* page 74 et suivantes).

Érotisme : le sublime de l'amour est l'érotisme qui s'exprime dans l'échange amoureux de la fusion sexuelle par la puissance d'unification et de connexion qu'elle recèle. C'est l'harmonie des opposés où le ciel et la terre, la lune et le soleil se rejoignent, enfin.

L'érotisme est harmonie, imagination, beauté, créativité, maîtrise de soi, amour tout simplement, et il n'y a jamais d'érotisme dans la laideur, la bassesse, la vulgarité, l'agression, la souffrance, la destruction (morale et physique).

Il ne faut pas confondre érotisme et pornographie car cette dernière révèle simplement, dans la volonté de choquer, une réaction contre tous les tabous, brimades, interdits, dont notre société est héritière et dont il reste encore trop de traces. Cela dit, il ne faut pas confondre non plus pornographie et « gauloiserie », tradition bien française de la plaisanterie, qui est à la sexualité ce que l'humour est à l'expression orale et intellectuelle. C'est l'exutoire fait de joie et de gaieté, un excellent défoulement pour que l'amour ne devienne pas ennuyeux ni monotone.

Excision : opération rituelle (coutume africaine) consistant à sectionner le clitoris des petites filles qui sont donc mutilées à jamais sur le plan sexuel. Cette coutume est légalement interdite en France.

Excitation : c'est la manifestation physique du désir et du départ de la « Mélodie du bonheur », caractérisée par l'érection de la verge chez Lui et le début de la lubrification chez Elle, puis le léger suintement du gland et l'érection du clitoris. L'excitation des partenaires peut longuement durer si on sait bien maîtriser sa montée pendant les variantes de la phase « Caresses ».

Expérience : dans le domaine sexuel, l'expérience est liée au contrôle de soi, de ses pulsions, de ses envies, et à la bonne connaissance de celles de son (ou sa) partenaire. Un bon savoir technique, anatomique et psychologique est évidemment nécessaire, mais ne prévaut pas sur la gentillesse, l'écoute de l'Autre, la sensualité, l'imagination, l'érotisme, qui ajoutent ce « plus » aux relations sexuelles et expriment l'expérience du savoir-faire, du savoir-aimer, du savoir-vivre sexuel.

Fécondation : rencontre d'un spermatozoïde et d'un ovule qui, en quelques mois, dans une croissance fantastique, développera l'embryon (jusqu'à 2 mois), le fœtus, puis à terme le bébé.

Fellation : caresse buccale du pénis et du gland (voir pages 87-88).

Frottis (vaginal) : prélèvement interne indolore, en vue d'analyse, effectué par un gynécologue, une ou deux fois par an, et qui permet le dépistage précoce du cancer du col de l'utérus. A faire absolument régulièrement, même après la ménopause. Cette médecine de prévention a permis, depuis quelques années, à un grand nombre de femmes d'être traitées pour ce type de cancer généralement bénin s'il est pris à temps.

Gadgets sexuels : des dessous féminins aux « trucs en plumes » vendus dans les sex-shop, en passant par les parfums et la lingerie, le commerce des gadgets sexuels marche bien. A chaque couple d'assouvir ses fantasmes, rompre le train-train et pimenter, embaumer, enjoliver, agrémenter ses ébats. Certains accessoires sont de véritables attrape-nigauds mais ce peut être amusant de les expérimenter, d'autres sont utiles, tels ces « anneaux » que l'on enfile sur la verge en érection et qui réduisent la longueur du pénis s'il est trop long pour la morphologie de la partenaire.

On peut se procurer des catalogues dans les sex-shop ou se les faire adresser par courrier.

Gestation : chez la femme, la période dite « de gestation » (ou grossesse) va de la conception à l'accouchement.

Gland : partie terminale du pénis, extrêmement innervée, hypersensible. C'est du paroxysme de son excitation que jaillit l'orgasme.

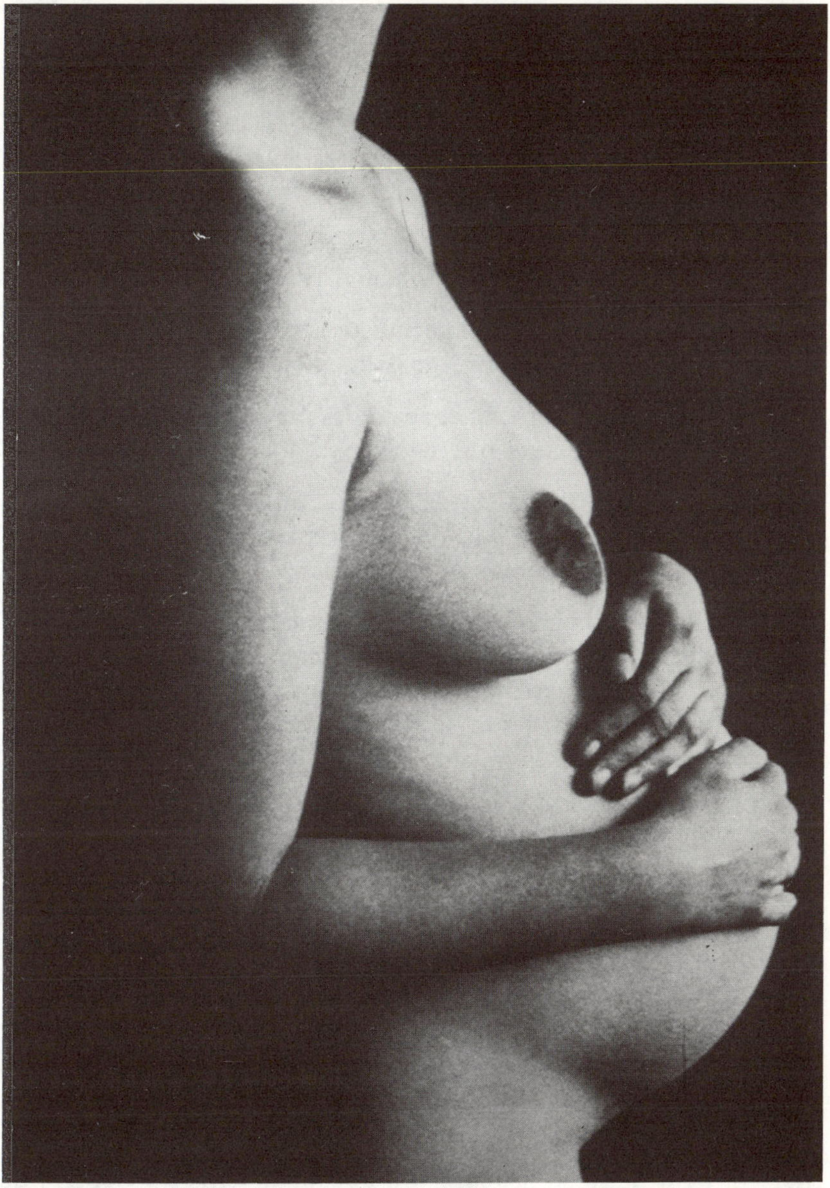

Bébé, dès les premiers mois, est un être présent et non un visiteur à venir.

Grandes lèvres : partie externe de la vulve, formée de deux « lèvres » parallèles recouvertes de poils. Elles masquent plus ou moins les « petites lèvres » et sont très innervées. Lorsqu'elles sont bien caressées et que l'excitation se développe, elles gonflent, s'écartent légèrement et découvrent les petites lèvres, parfois même le vestibule.

Grossesse : de la conception à l'accouchement, état de la femme portant un bébé et qui dure environ 9 mois (40 semaines).

Gynécologue : médecin spécialiste des voies génitales féminines (maladies, contraception, grossesse...).

Homosexualité : pratiques sexuelles partagées avec un ou une partenaire du même sexe que le sien.

Humour : avec la gaieté, la bonne humeur, l'humour est un des éléments importants de la vie amoureuse qu'il faut cultiver car humour *et* amour épanouissent toute relation.

Hymen : chez la jeune fille n'ayant jamais eu de rapport sexuel, l'hymen est la membrane qui ferme plus ou moins l'entrée du vagin. Il est naturellement perforé de petits trous qui permettent l'écoulement du flux menstruel et se rompt généralement lors du premier rapport sexuel.

Parfois l'hymen n'existe qu'à l'état de « traces » et ne pose pas de problème. Quelquefois (rare) cette membrane est assez résistante et une petite incision chirurgicale est nécessaire (voir page 26 et au mot *Tampon périodique interne,* page 210).

Imagination, imaginaire : en sexualité notamment, « l'imagination au Pouvoir ! » (voir paragraphe *L'imagination,* page 105).

Information sexuelle : pour s'informer sur la sexualité et si on ne se sent pas à l'aise pour en parler en famille, il existe de bons ouvrages que l'on peut feuilleter dans les grandes librairies afin de voir avant de les acheter s'ils correspondent à ce que l'on cherche. On peut aussi se procurer ou consulter dans les Centres de planning familial (voir adresses à la mairie du domicile) des brochures très bien faites et, si on a un (ou des) problèmes(s), on peut très bien prendre un rendez-vous simplement pour une consultation d'information. La désinformation dans le domaine sexuel est parfois génératrice de bévues, de maladresses qui peuvent blesser le ou la partenaire et être très gênantes pour soi-même. Il est donc normal de s'informer, d'étudier, de réfléchir, avant de pratiquer la sexualité.

I.V.G. : voir page 164.

Jeux érotiques : si l'amour est un Art que nul ne conteste plus (du moins l'espérons-nous...), il est aussi un Jeu au sens le plus large et le plus complet de ce mot, qui participe au « Jeu de la Vie » par les éléments positifs qu'il engendre : joie, détente du corps et de l'esprit, stimulation des facultés inventives et imaginatives, libération, défoulement, plaisir, procréation, etc. Le partage à deux du Jeu de l'Amour est, pour un couple, une source inépuisable d'enrichissement mutuel, un réservoir de joie et de bonheur qui sont les garants de la jeunesse et de la longévité.

La faculté de jouer, inhérente à la spontanéité enfantine, s'estompe dans l'adolescence dès que l'on commence à « se prendre au sérieux » ; chez trop d'adultes il ne reste même plus de trace de cette ouverture libératoire bloquée par de faux principes et des préjugés faussement intellectuels. Il faut donc y veiller et se rappeler qu'être adulte c'est *« être sérieux, mais ne pas se prendre trop au sérieux »* et que les « jeux érotiques » sont les jeux des adultes.

Kama : dieu de l'amour et de l'érotisme dans la tradition hindouiste, ce dieu du désir est considéré comme l'élément « dynamique » de la création, comme la force qui meut toutes choses, tous les êtres, sur tous les plans de la vie, de l'atome à l'immensité cosmique. Il est l'époux de Rati (volupté) ou Reva (qui a donné le mot rêve).

Kama-sutra : avec *le Tao de l'Art d'Aimer* chinois, cet ouvrage est l'un des premiers livres traitant des pratiques sexuelles de notre planète.

Lesbianisme : homosexualité féminine. Ce mot vient du nom de l'île grecque de Lesbos.

Libido : pulsion physique, conjointe ou non aux sentiments, qui déclenche le désir sexuel et (ou) l'amour sentimental. L'association attirance physique/passion sentimentale est évidemment le summum qui comble sur tous les plans l'échange amoureux.

Libération sexuelle : depuis les années 1960, ce terme flou est un peu employé « à toutes les sauces » et n'a finalement pas plus de réalité que si l'on disait « libération gastronomique » ou « libération du sommeil ». On devrait plutôt parler de « libération des tabous sexuels » qui sont encore présents dans l'esprit de trop de gens et notamment chez un certain nombre de prétendus libérés. Car, en fait, ne peut être libéré que celui ou celle qui s'est senti prisonnier de quelque chose et, dans ce domaine, heureusement nombreux sont les femmes et les hommes dont l'attitude face à l'amour est naturelle, spontanée et libre de tout tabou passéiste. Il faut donc éviter en sexualité de « parler en général » car cela est toujours trop loin de la réalité personnelle et des pratiques que chacun est libre de choisir, de conduire, en fonction de ses goûts et de ses besoins, avec son ou sa partenaire ; nul n'y a à redire car les pulsions et attirances sont très variées et cette diversification pratiquée librement est un des aspects de la vie d'une société moderne et tolérante.

La sexualité étant un acte *privé,* il faut quand même cesser de croire que si cela ne marche pas bien : « c'est la faute du gouvernement » ! Et à ceux qui s'imaginent qu'être « libéré » sexuellement cela veut dire « coucher dans les 5 minutes », ou baisouiller avec X, Y, Z lorsqu'il le demande, il faudrait seulement leur demander d'amorcer une réflexion sur ce que signifie exactement le mot *liberté.* La véritable libération sexuelle n'est pas uniquement dans ce que l'on ose demander ou faire, mais dans ce que l'on réussit, *à deux,* et dans ce que l'on ose dire.

Lubrification : sécrétion, par la paroi vaginale, d'un liquide incolore visqueux, qui tapisse le vagin, la vulve, et permet l'échange des caresses qui mèneront l'excitation, la montée du désir, jusqu'à la pénétration. Cet écoulement apparaît en 30 ou 60 secondes, à partir d'une excitation intense, mais peut être plus lente chez certaines femmes. Il faut toujours se rappeler que même lubrifiée une femme n'est pas pour autant prête à la pénétration (*) (voir paragraphes *Caresses* et *Pénétration,* page 74 et suivantes et page 112).

Mariage : contrat qui unit légalement un homme et une femme et qui peut consister en un mariage civil, reconnu par la loi, et un mariage religieux si l'on appartient à une confession.

La période d'essai de vie commune, qui est dans les mœurs actuelles, constitue une bonne préparation à la vie à deux et aide à la bonne connaissance des partenaires, qui peuvent, s'ils le désirent, un jour légaliser la situation avec un plus grand nombre de chances de faire une bonne union que les fiançailles passéistes tellement superficielles. Ces fiançailles modernes, qui incluent la sexualité, sont plus sérieuses et plus positives pour l'avenir du couple.

Les Mariés du Soleil de Jean Cocteau (chapelle de Villefranche-sur-Mer ; *photo de l'auteur*).

D'un point de vue légal, il faut savoir que sur le plan matériel la plupart des lois sont faites pour les couples et non pour les concubins et, qu'en cas de décès ou de séparation, il peut y avoir des problèmes plus compliqués à résoudre pour ces derniers que pour un couple légitime. Par ailleurs, très souvent, lorsque viennent les enfants, ceux-ci préfèrent un papa et une maman mariés. La boutade *« il n'y a plus que les prêtres et les homosexuels qui désirent se marier »,* si elle est excessive, témoigne cependant bien du refus de s'engager de certains jeunes et des difficultés actuelles que connaît notre société (chômage, baisse du niveau de vie, « papillonnage »...).

Massages : voir page 101.

Masturbation : excitation sexuelle volontaire, généralement manuelle, de la verge et du gland chez Lui, de la vulve et du clitoris chez Elle, aboutissant ou non à l'orgasme. Elle est pratiquée par les petits garçons et les petites filles, fait partie de l'éveil sexuel normal de l'enfant et va lui permettre de connaître et de doser sa « montée du plaisir ». Ne jamais réprimer ni plaisanter ce sujet qui touche au domaine sensible *et privé* de l'enfant (dito pour le tout petit enfant qu'il ne faut pas déranger à ce moment-là).

Beaucoup de sexologues utilisent la méthode dite « masturbation avec directives » pour traiter différents troubles sexuels qui, par une véritable « rééducation de base » des premiers gestes de la sexualité, vient à bout de bien des blocages (très bons résultats dans certains cas d'éjaculation précoce et d'anorgasmie féminine).

Chez les enfants, la masturbation libère les tensions, les anxiétés, mais il ne faut pas tomber dans des excès qui amèneront un surcroît de fatigue à un organisme souvent éprouvé par les phénomènes de croissance.

Chez les adultes célibataires, lorsque se prolonge trop la solitude, la masturbation est un *palliatif* qui permet également aux tensions, au stress, de se libérer, et c'est quelquefois plus efficace pour s'endormir que de prendre un somnifère.

Maturité : c'est l'état d'une personne qui a atteint un bon développement sur un maximum de plans (on n'ose pas dire sur tous les plans !) et qui peut vivre sans grands problèmes et s'épanouir dans ce qu'on appelle « l'âge adulte ».

Pour ce qui est de la sexualité et sur le plan du développement physique, la « maturité des organes » n'est vraiment acquise qu'à la fin de l'adolescence, lorsque la croissance est terminée, mais elle ne doit pas être dissociée d'autres « maturités », notamment sur les plans affectif, psychologique, etc., et bien sûr connaissance et acquisition des « techniques de base » de l'amour. C'est pourquoi il y a tant de déboires chez les tout jeunes qui se sont lancés dans des expériences amoureuses sans avoir attendu une certaine maturité et sans avoir acquis un minimum de connaissances pratiques, notamment une bonne maîtrise de la masturbation et des caresses (voir première partie, *l'Éveil des sens*).

Méat urétral (ou méat urinaire) : orifice de la verge et du haut du vestibule de la vulve qui permet à l'urine chez la femme, et à l'urine et au sperme chez l'homme, de s'écouler. Cette extrémité de l'urètre est une zone très sensible et érogène.

Mélodie du bonheur : de la pénétration à l'orgasme, plutôt que d'employer le terme « phase en plateau » tout à fait dénué d'érotisme et de réalité, nous avons préféré utiliser cette expression qui évoque bien mieux cette modulation, ce développement des sensations vibratoires mélodiques que révèle l'acte d'amour. Ce partage émotionnel du bonheur fusionnel doit être vécu voluptueusement, en prenant son temps, pour en exécuter toutes les variations, et non consommé en fast-love (*).

Méthode des températures : si elle n'est pas un moyen contraceptif fiable, cette méthode est cependant très importante pour aider à la connaissance du cycle menstruel personnel. Cela est très utile pour « l'écoute » que chaque femme devrait avoir de son corps, de ses manifestations, de ses problèmes aussi, pendant toute la durée du grand cycle de la procréation qui est un des grands rythmes de la vie. Le vivre dans l'ignorance ou le subir comme un inconvénient, c'est passer à côté d'une donnée importante de la féminité. Elle est un élément du connais-toi toi-même et, puisqu'elle indique avec précision la ponte de l'ovule, elle est d'une grande aide si la femme a quelques problèmes pour avoir un enfant.

Il faut évidemment avoir la patience de remplir plusieurs fiches de températures pour voir si le cycle est régulier et savoir que si un problème médical survient (rhume...) en période de ponte ovulaire, la montée thermique ne pourra être décelée puisqu'elle sera « incluse » dans la fièvre.

Répétons ici que l'on peut se procurer les feuilles de températures en pharmacie, et que la température doit être prise le matin *au réveil* avant de se lever, depuis la date de fin des règles. Vers le 14e jour après le premier jour des règles, lorsqu'on constate une montée de température d'un demi-degré, c'est que l'ovule a été pondu (survie de l'ovule : 48 heures). Après ce délai se situe, jusqu'aux règles, une période de stérilité.

Mont de Vénus : triangle pubien, joliment renflé, à la jonction du ventre et des cuisses. Ce petit « mont », recouvert d'une toison soyeuse, est très érotique. L'étendue et l'épaisseur de sa pilosité sont très variables d'une personne à l'autre.

Moyens de séduction : la séduction est ce *« je ne sais quoi, qui va vers un je ne sais qui... et qui mène je ne sais où... »,* mais pas toujours où l'on souhaite. Nous ne parlerons donc pas ici de toutes les nuances subtiles des échanges humains qui vont de la sympathie au charme, de l'attirance physique au coup de foudre, mais tout simplement des quelques moyens de séduction classiques qui ont fait leurs preuves au cours des temps.

— D'abord prendre soin de son aspect extérieur : être soigné, Lui parfaitement rasé, cheveux bien coiffés et propres, Elle maquillée, comme cela lui va (trop de fards ne va pas à certains types de femmes, en revanche un maquillage même poussé peut transformer un visage insignifiant), en s'achetant des vêtements dans le style qui « colle » à la personnalité plutôt que « à la dernière mode ».

Se rappeler que coiffure impeccable + chaussures élégantes + un ou deux accessoires bien choisis, sont *les éléments de base* qui font toute l'allure, même si la tenue est simple et modeste par ailleurs.

Les ongles (pieds et mains) doivent être impeccables, propres et bien coupés (pas de vernis écaillé). Les odeurs de transpiration maîtrisées (voir son pharmacien).

Dans l'intimité, tout est permis : dessous affolants pour Elle, affriolants caleçons pour Lui, lingerie de nuit sexy, parfums... sans oublier l'ambiance musicale.

— Veiller à sa tenue gestuelle et verbale. Un vocabulaire ordurier, limité, lasse vite et les mêmes expressions rabâchées, si elles amusent au début, agacent souvent au bout d'un certain temps. Les « chébran » sont vite « débranchés » et le français est une des plus belles langues du monde qui permet à chacun de bien s'exprimer, à sa façon, tout au long de sa vie. Quant aux gestes, moins on en fait mieux cela est, car il n'y a rien de plus fatigant que les « gesticulateurs » agités et bavards.

— Prendre garde à son attitude envers l'Autre, les autres, car on séduit surtout par les qualités d'ouverture d'esprit, de gentillesse, la faculté d'aimer et le service des autres.

— L'intelligence et la culture font aussi partie des moyens de séduction, mais il ne faut pas tomber dans les jargons et radotages de spécialistes.

Des livres entiers sont consacrés à l'Art de séduire et il existe des guides spécialisés (guides de beauté, de savoir-parler, etc.) qui sont très utiles ; nous nous bornerons à dire ici que séduire c'est attirer, charmer, subjuguer, captiver, ravir, enchanter...

Nymphes : voir *Petites lèvres*.

Orgasme : contractions violentes de très nombreux muscles (notamment ceux du petit bassin) qui se produisent au summum de l'excitation de l'acte sexuel en même temps que l'émission de sperme chez Lui et la sécrétion plus ou moins abondante de glaire vaginale chez Elle. C'est le feu d'artifice de la Mélodie du bonheur qui comble littéralement les partenaires dans la joie du partage amoureux. L'état de plénitude qui en découle est incomparable et l'on sent d'une façon palpable alors comme les tensions négatives, les stress, ont été rejetés, éliminés même. Certains insomniaques feraient mieux de prendre moins de somnifères et de faire davantage l'amour !

Certaines femmes peuvent avoir des orgasmes à répétition dans des intervalles de temps assez brefs ; d'autres, comme la plupart des hommes, doivent attendre... un certain temps.

Ovaires (du latin *ovum* : œuf) : glandes génitales femelles qui contiennent le stock d'ovules, dont un arrivera tous les 28 jours à maturité.

Ovulation : cycle de la ponte ovulaire par lequel l'ovule, situé dans l'ovaire, se développe, mûrit, s'entoure d'un follicule, monte à la surface de l'ovaire et en est expulsé vers le 14e jour du cycle.

Ovule (du latin *ovum* : œuf) : gamète femelle élaboré par l'ovaire.

Palpage des seins : gestes très faciles à apprendre avec son gynécologue et à pratiquer tout au long de sa vie de femme pour un dépistage précoce du cancer du sein, et qui a permis à de très nombreuses femmes d'être soignées et guéries.

Parfum : compagnon des échanges amoureux depuis la nuit des temps, le parfum participe de la personnalité des partenaires, de la séduction et des souvenirs des moments d'intimité. Il faut le choisir avec soin avec des odeurs compatibles entre le parfum d'Elle et l'after-shave de Lui.

Parler : en amour sentimental et sexuel, c'est une nécessité absolue pour exprimer non seulement la tendresse, mais les mises au point utiles, les désirs, les envies, les phantasmes.

Passive (attitude) : voir *Active* (attitude).

Pénis : partie érectile des organes sexuels masculins terminée par le gland qui permet, en pénétrant dans le vagin, d'y déposer les spermatozoïdes.

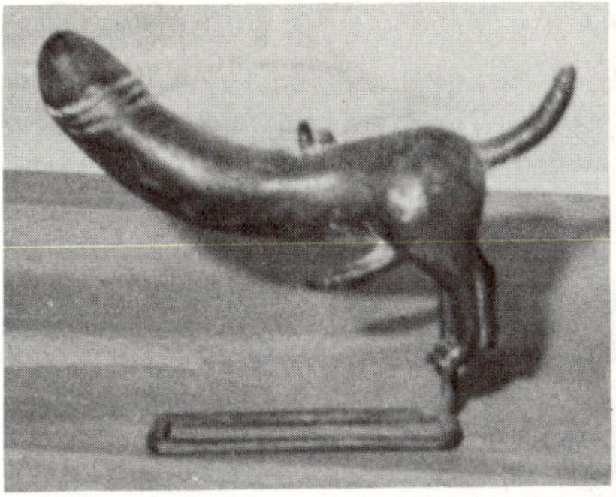

Pénis grec (Ve siècle av. J.-C.) (Musée de Palerme, Sicile ; *photo de l'auteur*).

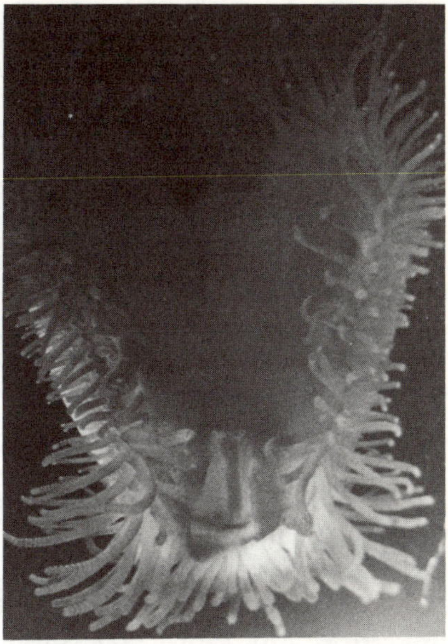

Mollusque lamellibranche *Lima Hians*, dont l'analogie avec les petites lèvres (ou nymphes) féminines est frappante.

Sa structure étonnamment performante lui permet, en se gonflant de sang, d'arriver à se durcir pour assurer une facile et bonne pénétration vaginale. Au repos ou en érection, sa taille est assez variable d'une personne à l'autre sans que cela ait aucune influence sur la sexualité (mythe du « gros zizi »). Disons seulement qu'en général les Asiatiques ont un pénis en moyenne plus petit que les Occidentaux, et que les Africains de certaines régions ont des sexes plutôt longs.

Petites lèvres (ou nymphes) : situées à l'intérieur des grandes lèvres, elles forment l'entrée du vagin. C'est une zone érogène de première importance (dite « primaire ») qui, lorsqu'elle est bien excitée, gonfle et se dilate. La couleur en est très nuancée d'une femme à l'autre : du rose clair, aux roses, rouges, marron, brun-violet. Il n'y a pas deux sexes féminins semblables, et les poètes ont chanté ces lèvres mi-fleur, mi-coquillage, invitation au merveilleux voyage :

*« Et puis, d'un coquillage à l'autre, j'arrivais au sien,
à l'original, à la conque pâle, à la fente rose,
d'où tout était venu et où tout retournait. »*
(P. Bourgeade)

Phallus : représentation symbolique de la puissance créatrice divine, source de toute vie, indissolublement associée, en Inde, à la yoni (vulve). Lors de cérémonies rituelles, on asperge le phallus (linga) de lait qui concrétise l'émission de sperme divin qui féconde ainsi la yoni pour que de cette union la vie se perpétue ici-bas.

Phase « en plateau » : voir *Mélodie du bonheur* (page 112).

Pilule et **Pilule du lendemain :** voir *Contraception*.

Plaisir : les facultés de plaisir sont innées chez l'homme et conditionnent toute son existence par les besoins et les envies qu'elles suscitent. Dans le domaine sexuel le plaisir « se mérite » et il est dommage d'en rester à de petits et rapides plaisirs enfantins, alors que l'immense domaine érotique ouvre à chacun ses champs et ses chants, qui ne demandent qu'à s'exprimer au travers d'un Jardin des délices qu'il suffit de cultiver, d'embellir, d'imaginer, de phantasmer.

Prémices : les prémices amoureuses, naturellement pratiquées dans les parades amoureuses animalières, depuis les petits « cadeaux », les attitudes de séduction, jusqu'aux caresses des organes sexuels (notamment caresses buccales), sont indispensables pour mettre en condition les partenaires, surtout Elle, dont le tempérament et l'anatomie sont, par essence et conformation, lents à émouvoir, mais aussi « plus lents à rassasier » (voir page 119).

Prépuce : peau mobile recouvrant plus ou moins le gland. C'est cette partie de l'extrémité de la peau de la verge qui est coupée lors de la circoncision.

Préservatif : manchon de caoutchouc extra-mince, mais très solide (se méfier des articles « made in Hong Kong » qui commencent à arriver sur le marché européen) qui s'enfile en le déroulant comme un bas sur le pénis en érection. Il empêche ainsi le contact direct entre le pénis et le vagin et protège les deux partenaires des éventuelles contaminations microbiennes. Il empêche également le dépôt de spermatozoïdes lors de l'éjaculation. Ce n'est pas un moyen contraceptif totalement fiable, surtout en période d'ovulation (voir *Contraception*), mais son utilisation est très utile, jointe à d'autres précautions.

Redisons, une fois de plus, combien l'emploi de préservatifs est devenu nécessaire en cette période de propagation des M.S.T. lorsqu'on a des relations sexuelles avec des partenaires occasionnels ; Lui comme Elle doivent penser à en avoir avec eux.

Les préservatifs prélubrifiés sont d'un emploi plus facile et, pour une sécurité renforcée, Elle peut utiliser des ovules spermicides.

Attention, pour éviter toute fuite malencontreuse il faut, après éjaculation, maintenir fermement la base du préservatif pendant le retrait.

Retour d'affection pour les préservatifs. Dessin Association suédoise pour l'éducation sexuelle, communiqué par le service de documentation du Planning familial de Paris.

Prostate : située sous la vessie et entourant l'urètre, cette grosse glande sécrète le liquide qui forme la plus grande partie du sperme. C'est un organe exclusivement masculin.

Prostitution : ce « plus vieux métier du monde » atteste, si besoin était, de l'importance et de la nécessité de satisfaire la pulsion sexuelle, et aussi de la mésentente qui existe dans un couple si Lui (ou Elle) s'adresse à des professionnelles. Il faut souligner ici un fait nouveau en Occident, c'est que la prostitution masculine s'est considérablement développée depuis quelques années et que le prostitué étant souvent homosexuel et hétérosexuel, le risque d'attraper le sida est très grand pour Elle.

La relation sexuelle avec un ou une prostitué(e) est généralement brève (moyenne 7 mn), sauf si on a de gros moyens pécuniaires... et relève davantage de « l'évacuation de la tension sexuelle » que d'un échange épanouissant ; et si un couple en arrive là c'est, hélas ! le constat d'un échec sur le plan sexuel. Pour les célibataires, les jeunes, les moins jeunes, c'est un moyen « pratique » mais qui devrait rester temporaire car il élimine des rapports les aspects affectifs sans lesquels l'acte physique n'a plus la même résonance. Ce n'est plus un « échange » mais la relation anonyme de celui (ou celle) qui paie à celui (ou celle) qui vend, avec toute l'indifférence, l'absence de respect et souvent même le mépris que cela implique.

Compte tenu de la propagation des M.S.T., il faudrait abolir la loi M. Richard et que les prostitué(e)s se groupent en « sociétés », clubs... afin de donner à ce commerce des bases légales qui permettront un suivi et un contrôle sanitaire et le paiement d'impôts comme toute profession dans ce pays.

Puberté : la période de croissance qui fait d'un enfant un adolescent et dont l'activité hormonale bouleverse et perturbe le physique et le comportement affectif et social. C'est un moment un peu pénible à vivre pour les jeunes et pour les parents, qui nécessite beaucoup de patience, de tolérance et d'éviter les discussions inutiles.

Pulsion : les pulsions sexuelles sont générées par un état de tension normal dont l'intensité et la fréquence sont très diversement réparties d'une personne à l'autre ; cela explique que les envies de faire l'amour soient différemment éprouvées par chacun.

Pudeur : discrétion, retenue. Au début d'une relation sexuelle ce comportement est assez répandu, mais il ne doit pas être exagéré car cela peut traduire (ou déboucher sur) un (ou des) blocage.

Rapport sexuel : voir *Coït* et *Mélodie du bonheur*.

Réaliste : celui ou celle qui réfléchit, agit, décide, en fonction d'autres critères que les sentiments (voir *Romantique*).

Ré-éducation sexuelle : pour certains jeunes « je sais tout » et les moins jeunes « je connais tout » et qui sont cependant malhabiles, trop pressés ou routiniers, apprendre ou ré-apprendre à faire l'amour, ensemble à deux, et pas tout seul en face d'un ou une partenaire, n'a rien de déshonorant, au contraire ; si l'on prend conscience de ce que des problèmes perdurent, se faire aider par un sexologue.

Règles : écoulement sanguin survenant environ tous les 28 jours et qui est la phase terminale du cycle menstruel. Lorsque l'ovule n'a pas été fécondé, la paroi utérine gorgée de sang qui devait accueillir l'œuf, desquame alors pendant 3 ou 4 jours et le flux en est plus ou moins abondant suivant les femmes. Pour « l'aspiration des règles », voir *Contraception*.

Règles douloureuses : voir page 171.

Retrait : la plus ancienne et la plus universelle des méthodes contraceptives qui consiste, pour l'homme, à retirer son pénis du vagin de la femme avant d'éjaculer. Mais elle est peu sûre et totalement à déconseiller pendant la « période à risques » du cycle menstruel (à déterminer par la méthode des températures), car même si Lui a une bonne maîtrise de l'éjaculation, des spermatozoïdes peuvent déjà circuler dans la glaire émise par le pénis dès le début du coït. Par ailleurs, si du sperme est tombé sur ou près de la vulve, les spermatozoïdes peuvent très bien se propager par la glaire dans les voies génitales.

Romantique : celui ou celle qui agit par les sentiments plutôt que par réflexion.

Safari-amour : savoir et *oser*, tout au long de la vie du couple, organiser de petites escapades, même quelques heures, en amoureux, seuls et tranquilles, en oubliant la famille, les soucis, les problèmes. Partir : déjeuner ou dîner à la campagne, dans les bois, dans une auberge, au bord de l'eau... Partir : un week-end ou quelques jours, comme au début, où l'on aime, comme on aime, pour prendre le temps de se « re-sourcer » à l'amour qui avait un jour jailli et que ces retrouvailles-safari aident à rafraîchir, vivifier.

Scrotum : sous la verge, le scrotum est cette enveloppe de peau qui contient les testicules.

Seins : mamelles féminines dont le bout est formé d'une partie colorée (l'aréole) et du téton. C'est une zone fortement érotique pour Lui et fortement érogène pour Elle (voir *Caresses*, page 91).

Sensations : c'est la fête des sens qu'il faut développer, embellir, parfumer, cultiver, pour que l'amour soit une fête sensuelle, joyeuse, et ne sombre pas dans les déprimes, les routines, l'anti-érotisme.

Sensualité : la sensualité et l'érotisme sont des qualités essentielles dans la pratique de l'amour, mais il ne faut pas croire qu'elles sont si innées que cela et si l'on a été déçu(e), notamment après des années de vie commune avec un partenaire, il ne faut pas en conclure que l'on n'est pas sensuel. Il suffit d'une dysharmonie, de maladresses, de mises au point négligées, pour mettre en sommeil une sensualité qui, si elle avait été bien sollicitée, se serait épanouie. Trop d'hommes, et de femmes surtout, en ont fait l'expérience à la faveur d'un changement de partenaire.

Sentimentalité : celui, celle qui agit par sentiment plus que par réflexion.

Sexologue : voir *Consultation*, page 153.

Sexualité : terme assez vaste qui englobe le comportement sexuel personnel, d'un couple, d'une société, d'une espèce (sexualité animalière).

Spermatozoïde : gamète mâle contenant la moitié du stock de chromosomes paternels (l'autre moitié provient de l'ovule), à tête pointue et pourvue de « nageoires » (flagelles) qui lui permettent de se mouvoir très rapidement. La rencontre du spermatozoïde et de l'ovule permet la fécondation.

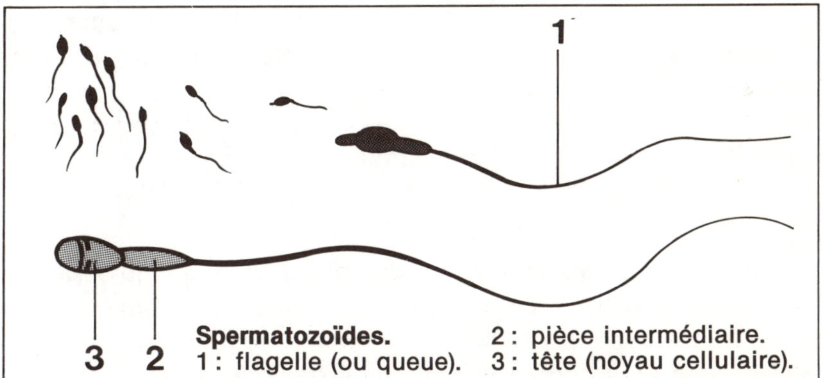

Spermatozoïdes.
1 : flagelle (ou queue).
2 : pièce intermédiaire.
3 : tête (noyau cellulaire).

Sperme : liquide blanc, épais, émis par le pénis dans la phase dite « éjaculation » du coït, et qui contient les spermatozoïdes.

Stérilet : moyen contraceptif (efficacité environ 98 %) qui consiste, pour un médecin, à placer une petite forme (plastique-cuivre) dans l'utérus, de façon à empêcher la nidification de l'ovule. C'est un des grands moyens contraceptifs qui agit sans médication mais qui doit être parfaitement et régulièrement suivi par un gynécologue car le stérilet peut se déplacer ou déclencher de petites irritations qu'il faut traiter très rapidement (voir *Contraception*).

Stérilisation : chez l'homme, intervention chirurgicale consistant à couper les canaux déférents afin que les spermatozoïdes ne puissent plus passer. Chez la femme, la stérilisation consiste à ligaturer les trompes pour que l'ovule ne puisse plus descendre.

Tampon périodique interne : l'utilisation de cette garniture périodique interne, outre les avantages esthétiques et pratiques, présente le grand intérêt de doucement préparer la perforation de l'hymen lors de la première pénétration (voir page 26). En Inde, depuis des temps très lointains, le dépucelage progressif de l'hymen était pratiqué, ainsi que l'étude des caresses, sur des jeunes filles quelques mois avant leur mariage, afin que la nuit de noce ne soit pas liée à un mauvais souvenir.

Télévision : on a dit que la télévision faisait autant de tort à la natalité que tous les contraceptifs réunis ! C'est sûrement très exagéré, mais en mai 1968, lors de la grève d'un mois, il a bien fallu constater que 9 mois après le nombre des naissances avait amorcé une belle remontée !... Ce qui est sûr, c'est que cette « mangeuse de temps » écourte les prémices amoureuses et a de ce fait une très mauvaise influence sur la vie sexuelle des téléspectateurs assidus.

Il faut être conscient de cet inconvénient et si le programme est médiocre, avoir le réflexe de stopper la « boîte à images » pour se faire un superbe programme amoureux, dont vous phantasmerez le scénario et écrirez la mélodie *à deux*.

Tempérament : état physiologique caractéristique d'une personne qui conditionne les réactions psychophysiologiques. C'est aussi le caractère et l'ensemble des penchants, des attirances, des répulsions (voir paragraphe *la Sexualité débutante*, pages 35 et suivantes).

Température (méthode des) : voir *Contraception* et *Méthode*.

Temps : au lieu de toujours « courir après... » et de ne jamais le rattraper, chercher *concrètement dans la façon de vivre* tout ce qui gâche le temps inutilement (famille envahissante, travail extérieur et ménager (où l'on est soi-disant « débordé » et qu'une meilleure organisation suffirait à améliorer), T.V., etc.) pour trouver — **et l'on trouve** — le temps de parler, le temps d'aimer.

Testicules : glandes sexuelles masculines, situées dans le scrotum, en dessous de la verge et qui contiennent les spermatozoïdes.

Tendresse : comme la sensualité, la passion, l'amitié, etc., la tendresse est une composante du sentiment amoureux dont elle est l'élément le plus désintéressé et le plus constructif, par les qualités d'ouverture, d'offrande, de tolérance, de générosité, d'oubli de soi, qu'elle implique. Un amour entouré de beaucoup de tendresse croît et embellit au fil des années et si, parallèlement, le couple a su se construire une sexualité épanouie, joyeuse, alors il ira très loin sur le chemin et la qualité de la vie, et fera face à toutes les embûches du parcours.

La tendresse est véritablement le ciment de l'amour et Marlène Dietrich disait : « *Tous les vrais hommes sont doux ; sans tendresse un homme est sans intérêt* » ; c'est vrai aussi pour les femmes.

Marlène Dietrich disait : « *Tous les vrais hommes sont doux ; sans tendresse un homme est sans intérêt.* »

Transsexuel : sorte de psychose qui consiste à être persuadé d'appartenir au sexe opposé malgré une constitution sexuelle tout à fait normale. Ce trouble n'est pas à confondre avec le travestisme (désir sexuel créé et stimulé par le fait de porter des vêtements du sexe opposé) et l'homosexualité (désir d'un partenaire du même sexe que le sien). Les opérations et traitements hormonaux « spectaculaires », largement exploités dans la presse il y a quelques années, montrent bien l'ignorance et l'intérêt navrant des médias pour le sensationnel et le mauvais goût.

Union libre : ces « fiançailles » de notre temps sont la façon la plus saine et la plus réaliste de se bien connaître, notamment sur le plan sexuel, car il faut reconnaître que les fiançailles platoniques présentaient dans ce domaine un très grand risque de dysharmonie (divergences de tempérament, rythmes, goûts...). Mais faut-il rester, comme certains couples, d'éternels concubins, papillonneurs occasionnels, surtout si on désire des enfants qui, généralement, n'apprécient pas les situations peu claires ? Au-delà d'une période de vie commune (1 à 3 ans, par exemple), l'absence d'engagement démontre quand même une crainte, un refus (parfois inconscient) de s'engager vis-à-vis de l'autre, du futur, qui peut faire très mal à l'Autre s'il souhaite une union plus solennelle concrétisée par une cérémonie légale (et religieuse) dans une fête familiale et amicale. Si les deux sont d'accord, pas de problème, mais sur le plan de la vie pratique il n'est pas toujours facile de vivre en concubinage, par exemple lors de l'achat d'une maison, etc. (voir *Mariage*).

Urètre : chez l'homme, conduit d'environ 16 cm. Il est relié à la vessie et à la prostate afin de permettre l'émission de l'urine et du sperme. Chez la femme, l'urètre relie directement la vessie au méat, il mesure 4 cm et est situé entre le clitoris et l'entrée du vagin.

Utérus : muscle creux en forme de poire, dont la partie rétrécie est en bas, où se développe le fœtus. Sa taille est de 6 à 7 cm de long et débouche par son col dans le vagin.

Vagin : passage d'environ 12 cm de long, 3 cm de large, s'ouvrant dans la vulve, qui est l'organe récepteur du pénis lors du coït. Lorsque le sperme est déposé dans le vagin, les spermatozoïdes se propulsent jusqu'à l'utérus pour féconder l'ovule.

Seule l'entrée du vagin est innervée, et donc érogène, l'ensemble du muscle ne réagissant que « par résonance » du plaisir déclenché par les zones érogènes primaires (clitoris, vulve, seins).

Verge : autre nom du pénis.

Virginité : voir *Hymen* et paragraphes *l'Avant* et *la Première fois*.

Voix : le son de la voix et l'expression orale participent des ébats amoureux et constituent des stimuli sexuels importants (voir page 77).

Vocabulaire amoureux : chaque couple possède ses petits mots doux, tendres, bêbêtes parfois, et qui sont autant de marques d'affection, d'amour. Il ne faut pas s'en priver par des blocages verbaux qui empêchent à la tendresse de se manifester au travers du langage.

Volupté : l'essence de l'amour, du raffinement, de l'érotisme est contenue dans la volupté. C'est le summum du plaisir et de l'expression sensuelle qui fait que **l'amour est un art** avec tout ce que cela implique de beauté, de créativité, de tendances à grandir, comprendre et sublimer.

Voyage : l'amour est cette faculté de « voyager au Pays de la volupté, du plaisir », où chacun peut, par son imaginaire, aller de Paris à Syracuse, de Vienne à Bali, de la Terre à Andromède en passant par Sirius ; d'autres ne dépassent pas la porte d'Orléans... c'est dommage. Ce « Pays » est dans nos facultés d'imagination, partout, nulle part, et ce voyage sans bagage vaut le détour !

Vulve : souvent comparée, dans les textes poétiques et érotiques, à une fleur/coquillage, l'organe sexuel féminin externe est composé des grandes lèvres, des petites lèvres (nymphes), du clitoris et du vestibule. Cet ensemble est très érogène puisque le plus grand nombre des terminaisons nerveuses et parties érectiles y sont présentes et que c'est dans leur sollicitation (caresses) que le processus de la montée du plaisir sera enclenché.

Zizi : mot familier du pénis, notamment employé pour parler de la verge aux enfants. C'est aussi une chanson célèbre de Pierre Perret qui a plus fait pour l'information des jeunes sur le sujet que des années de cours d'éducation sexuelle à l'école... Voir aussi le livre *le Petit Zizi illustré* de Jicka, Pöchon et Yak (Marabout, collection Humour, avec préface de Pierre Perret).

Zones érogènes : voir paragraphes *Caresses* et *Zones érogènes*, pages 74 à 77.

Bibliographie

Allen C. : *Les Déviations sexuelles* (Payot).
Barbach L.-C. : *L'Accomplissement sexuel de la femme* (Buchet-Chastel).
Bayen J.-F. : *Adolescents d'aujourd'hui* (Laffont).
Beach F.A. et Ford C.S. : *Les Comportements sexuels* (Laffont).
Cardinal M. : *La Sexualité de la femme* (France-Loisirs).
Carr D.E. : *La Grande Leçon sexuelle des animaux* (Albin Michel).
Chassegay-Smirgel : *La Sexualité féminine* (Payot).
Cohen J., Kahn-Nathan J., Tordjman G. : *Encyclopédie de la vie sexuelle* (Hachette).
Cousins J. : *L'Amour n'est pas triste* (Mazarine).
Dreyfus-Moreau J. : *L'Impuissance sexuelle* (Casterman).
Droit R.P. et Gallion A. : *La Réalité sexuelle* (Laffont).
Estrade P. : *Le Couple retrouvé* (Éditions Dangles).
Falconnet G. : *Le Prince charmant* (Mercure de France).
Freud S. : *La Vie sexuelle* (P.U.F.).
Friday N. : *Mon jardin secret* (Balland).
Friday N. : *Les Fantasmes masculins* (Laffont).
Gellman C. et J. : *Les Thérapies sexuelles* (E.S.F.).
Gondouneau J. : *Technique de l'amour physique* (Balland).
Guosch G.P. : *L'Adolescent et son corps* (Éditions Universitaires).
Guillerm E. : *Le Sexe épanoui* (La Pensée moderne).
Hanry P. : *Les Enfants, le sexe et nous* (Privat).
Hesnard : *La Sexologie* (Payot).
Jolan Chang : *Le Tao de l'Art d'aimer* (Calmann-Lévy).

Kinsey A. : *Le Comportement sexuel de l'homme* (Éditions du Pavois).
Kinsey A. : *Le Comportement sexuel de la femme* (Amiot-Dumont).
Klein M. : *La Psychanalyse des enfants* (P.U.F.).
Lago M. et Paramelle F. : *La Femme homosexuelle* (Casterman).
Lanson : *Une femme parle aux femmes* (Laffont).
Leclerc A. : *Paroles de femmes* (Grasset).
Lowen A. : *Amour et orgasme* (Tchou).
Margueritte Y. : *Le Prix de l'équilibre* (Laffont).
Margueritte Y. : *Les Secrets de l'entente sexuelle* (Le Livre de Poche).
Master et Johnson : *Les Réactions sexuelles* (Laffont).
Master et Johnson : *Les Mésententes sexuelles* (Laffont).
Master et Johnson : *Union par le plaisir* (Laffont).
Michel Wolfromm H. : *Cette chose-là* (Grasset).
Oberlé M. : *L'Instinct de l'autre* (Le Hameau).
Ormezano J. : *Comment dire je t'aime* (Le Hameau).
Reich W. : *La Fonction de l'orgasme* (Éditions de l'Arche).
Rozenbaum H. : *La Cinquantaine épanouie* (Laffont).
Rubin L. : *L'Amour après 60 ans* (La Table ronde).
Savatofski J. : *Le Massage douceur* (Dangles).
Saury A. : *Un enfant à naître de nous* (Dangles).
Simon P. : *Rapport sur le comportement sexuel des Français* (Julliard).
Scott V.X. : *La Femme de remplacement* (Buchet-Chastel).
Thibault O. : *La Vie affective et sexuelle* (Casterman).
Thiriet M. et Kepes S. : *Femmes à 50 ans* (Le Seuil).
Tordjman G. : *La Maladie conjugale* (Denoël).
Tordjman G. : *La Frigidité féminine et son traitement* (Casterman).
Tordjman G. : *Clefs pour la sexologie* (Seghers).
Tordjman G. : *Réalités et problèmes de la vie sexuelle* (Hachette).
Tordjman G. : *Réalités et problèmes de la vie sexuelle (adolescents)* (Hachette).
Tordjman G. : *La Violence, le sexe et l'amour* (Laffont).
Valinieff P. : *Le Guide des caresses* (Balland).

Vellay P. : *La Vie sexuelle du couple* (Dunod).
Vellay P. : *Levez les interdits* (Seghers).
Zwang G. : *Le Sexe de la femme* (La Jeune Parque).
Zwang G. : *La Fonction érotique* (3 volumes) (Laffont).

Albums :

Yaffé Maurice et Fenwick Elizabeth : *Plaisir du couple* (Filipacchi).
Desmond-Morris : *Magie du corps* (Grasset).
Stubbs K.R. et Saulnier L.A. : *Massages intimes pour couples* (Guy Saint-Jean).
Cohen J., Kahn-Nathan J., Tordjman G. et Verdoux C. : *Encyclopédie de la vie sexuelle* (Hachette-jeunesse).
Gondonneau J. et Valinieff P. : *Le Couple et l'amour* (Balland).
Valinieff P. : *Le Couple et ses caresses* (Balland).

*
* *

Une très intéressante brochure vient de paraître (1988), qui fait le point sur le sida. Elle a été élaborée par l'Institut Pasteur : Professeur Luc Montagnier : *Sida, les faits, l'espoir* (F.L.L.S., BP 1215-16, 75765 Paris Cedex 16).

Adresses utiles

— Société française de sexologie clinique : 85, av. Charles-de-Gaulle, 92200 Neuilly-sur-Seine (Tél. : (1) 46-40-74-73).

— Mouvement français pour le planning familial (M.F.P.F.) : 4, square Saint-Irénée, 75011 Paris (Tél. : (1) 48-07-29-10).

— Contraception masculine : Hôpital Bicêtre (service du professeur Auroux) : 78, rue du Général-Leclerc, 94275 Le Kremlin-Bicêtre (Tél. : (1) 45-21-21-21).

— Association Viol femmes information : Tél. : (1) 05-05-95-95 (appel gratuit de toute la France).

— Si problèmes de déprime, de solitude : S.O.S. Amitié.

Pour la région parisienne : (1) 46-21-31-31 (24 heures sur 24) ; (1) 43-64-31-31 ; (1) 42-96-26-26 ; (1) 42-93-31-31 ; (1) 60-78-16-16 ; (1) 47-23-80-80 (en langue anglaise).

— Comité national contre le tabagisme (C.N.C.T.) : 126, rue d'Aubervilliers, 75019 Paris (Tél. : (1) 40-05-00-44).

— Ligue Vie et Santé (qui propose les *Plans de cinq jours* pour cesser de fumer, gratuits) : 732, av. de la Libération, 77350 Le Mée-sur-Seine (Tél. : (1) 64-52-87-08).

— Association nationale de Prévention de l'alcoolisme : 20, rue Saint-Fiacre, 75002 Paris (Tél. : (1) 42-33-51-04).

— Comité parisien de défense contre l'alcoolisme : 54, rue de Clignancourt, 75018 Paris (Tél. : (1) 46-06-26-00).

— S.O.S. Drogues : Centre point parents : 126, rue de l'Ouest, 75014 Paris (Tél. : (1) 45-43-34-53). Appel gratuit : 05-05-88-88.

— Fondation Platini : 4, rue Catulle-Mendes, 75017 Paris (Tél. : (1) 42-67-22-90).

— Comité régional d'éducation pour la santé (C.R.E.S.I.F.) : 7, rue de Liège, 75009 Paris (Tél. : (1) 45-26-54-31).

— Association « Vaincre le SIDA » : 3, rue Nicolas-Houel, 75005 Paris (Tél. : (1) 43-36-41-41). Permanence téléphonique : (1) 45-35-00-03 et (1) 45-35-97-77.

— Ligue nationale française contre le péril vénérien - Institut Alfred Fournier : 25, bd Saint-Jacques, 75680 Paris (Tél. : (1) 45-65-27-77).

— Centre national d'information des droits de la femme (C.N.I.D.F.) : 7, rue du Jura, 75013 Paris (Tél. : (1) 43-31-12-34). Renseignements téléphoniques (orientations juridiques, loisirs jeunes) et accueil du public sur rendez-vous.

— Unité de gynécologie et de sexologie - Centre médical universitaire (professeurs Pasini et Abraham) : 1, rue Michel-Servet, Genève (Suisse).

— Association suisse des conseillères en planning familial : 22, av. Villardin, CH-1009 Pully (Suisse).

— Mouvement luxembourgeois pour le planning familial et l'éducation sexuelle (M.L.P.F.E.S.) : 18-20, rue Glesener, Luxembourg (Grand-Duché).

— Centre de planning familial - La Famille heureuse : 20, rue de la Pacification, Bruxelles-Saint-Josse (Belgique).

— C.E.D.I.F. : 28, rue Lesbroussart, B-1050 Bruxelles (Belgique) (Tél. : 02/641 93 71).

*
* *

A.I.D.E.S. (Association d'aide aux malades et à leur entourage, aide à la recherche, information du public sur le sida et l'infection H.I.V.).

Fédération nationale :
6, cité Paradis
75463 Paris Cedex 10
Tél. : (1) 47-70-03-00.
Téléfax : (1) 47-70-29-03.
Minitel : 3615, code d'accès AIDS.

Permanence téléphonique de 19 à 23 heures, tous les soirs, au (1) 47-70-98-99.

Il existe 29 comités régionaux dont les coordonnées peuvent vous être fournies immédiatement par Paris.

Table des matières

Deuxième partie :

LE JARDIN DES DÉLICES

Troisième partie :

LE JARDIN DES MALICES

La composition et l'impression
de cet ouvrage ont été réalisées
par CLERC S.A.
18200 SAINT-AMAND -Tél. : 48-96-41-50
pour le compte des ÉDITIONS DANGLES
18, rue Lavoisier - 45800 ST-JEAN-DE-BRAYE

Dépôt légal Éditeur n° 1654 - Imprimeur n° 4486

Achevé d'imprimer en Décembre 1990

Quatrième partie :

MOTS CLÉS ET EXPRESSIONS